本书由
中央高校建设世界一流大学（学科）
和特色发展引导专项资金
资助

中南财经政法大学"双一流"建设文库

创 | 新 | 治 | 理 | 系 | 列

国有企业财务管理与会计监督理论问题研究

罗 飞 王竹泉 等著

中国财经出版传媒集团
中国财政经济出版社

图书在版编目（CIP）数据

国有企业财务管理与会计监督理论问题研究／罗飞，王竹泉等著． -- 北京：中国财政经济出版社，2019.12

（中南财经政法大学"双一流"建设文库．创新治理系列）

ISBN 978 – 7 – 5095 – 9459 – 9

Ⅰ．①国… Ⅱ．①罗…②王… Ⅲ．①国有企业－财务管理－会计检查－研究－中国 Ⅳ．①F279.241

中国版本图书馆 CIP 数据核字（2019）第 288812 号

责任编辑：武志庆　　　　责任校对：李　丽
封面设计：陈宇琰

国有企业财务管理与会计监督理论问题研究
GUOYOU QIYE CAIWU GUANLI YU KUAIJI JIANDU LILUN WENTI YANJIU

中国财政经济出版社 出版

URL：http://www.cfeph.cn
E – mail：cfeph@cfeph.cn

（版权所有　翻印必究）

社址：北京市海淀区阜成路甲 28 号　邮政编码：100142
营销中心电话：010 – 88191522
天猫网店：中国财政经济出版社旗舰店
网址：https://zgczjjcbs.tmall.com
北京财经印刷厂印刷　各地新华书店经销
成品尺寸：185mm×260mm　16 开　11 印张　175 000 字
2019 年 12 月第 1 版　2019 年 12 月北京第 1 次印刷
定价：50.00 元
ISBN 978 – 7 – 5095 – 9459 – 9
（图书出现印装问题，本社负责调换，电话：010 – 88190548）
本社质量投诉电话：010 – 88190744
打击盗版举报热线：010 – 88191661　　QQ：2242791300

总　序

"中南财经政法大学'双一流'建设文库"是中南财经政法大学组织出版的系列学术丛书,是学校"双一流"建设的特色项目和重要学术成果的展现。

中南财经政法大学源起于1948年以邓小平为第一书记的中共中央中原局在挺进中原、解放全中国的革命烽烟中创建的中原大学。1953年,以中原大学财经学院、政法学院为基础,荟萃中南地区多所高等院校的财经、政法系科与学术精英,成立中南财经学院和中南政法学院。之后学校历经湖北大学、湖北财经专科学校、湖北财经学院、复建中南政法学院、中南财经大学的发展时期。2000年5月26日,同根同源的中南财经大学与中南政法学院合并组建"中南财经政法大学",成为一所财经、政法"强强联合"的人文社科类高校。2005年,学校入选国家"211工程"重点建设高校;2011年,学校入选国家"985工程优势学科创新平台"项目重点建设高校;2017年,学校入选世界一流大学和一流学科(简称"双一流")建设高校。70年来,中南财经政法大学与新中国同呼吸、共命运,奋勇投身于中华民族从自强独立走向民主富强的复兴征程,参与缔造了新中国高等财经、政法教育从创立到繁荣的学科历史。

"板凳要坐十年冷,文章不写一句空",作为一所传承红色基因的人文社科大学,中南财经政法大学将范文澜和潘梓年等前贤们坚守的马克思主义革命学风和严谨务实的学术品格内化为学术文化基因。学校继承优良学术传统,深入推进师德师风建设,改革完善人才引育机制,营造风清气正的学术氛围,为人才辈出提供良好的学术环境。入选"双一流"建设高校,是党和国家对学校70年办学历史、办学成就和办学特色的充分认可。"中南大"人不忘初心,牢记使命,以立德树人为根本,以"中国特色、世界一流"为核心,坚持内涵发展,"双一流"建设取得显著进步:学科体系不断健全,人才体系初步成型,师资队伍不断壮大,研究水平和创新能力不断提高,现代大学治理体系不断完善,国际交流合作优化升级，综合实力和核心竞争力显著提升，为在2048年建校百年时，实现主干学科跻身世界一流学科行列的发展愿景打下了坚实根基。

"当代中国正经历着我国历史上最为广泛而深刻的社会变革，也正在进行着人类历史上最为宏大而独特的实践创新"，"这是一个需要理论而且一定能够产生理论的时代，这是一个需要思想而且一定能够产生思想的时代"①。坚持和发展中国特色社会主义，统筹推进"五位一体"总体布局和协调推进"四个全面"战略布局，实现"两个一百年"奋斗目标、实现中华民族伟大复兴的中国梦，需要构建中国特色哲学社会科学体系。市场经济就是法治经济，法学和经济学是哲学社会科学的重要支撑学科，是新时代构建中国特色哲学社会科学体系的着力点、着重点。法学与经济学交叉融合成为哲学社会科学创新发展的重要动力，也为塑造中国学术自主性提供了重大机遇。学校坚持财经政法融通的办学定位和学科学术发展战略，"双一流"建设以来，以"法与经济学科群"为引领，以构建中国特色法学和经济学学科、学术、话语体系为己任，立足新时代中国特色社会主义伟大实践，发掘中国传统经济思想、法律文化智慧，提炼中国经济发展与法治实践经验，推动马克思主义法学和经济学中国化、现代化、国际化，产出了一批高质量的研究成果，"中南财经政法大学'双一流'建设文库"即为其中部分学术成果的展现。

文库首批遴选、出版二百余册专著，以区域发展、长江经济带、"一带一路"、创新治理、中国经济发展、贸易冲突、全球治理、数字经济、文化传承、生态文明等十个主题系列呈现，通过问题导向、概念共享，探寻中华文明生生不息的内在复杂性与合理性，阐释新时代中国经济、法治成就与自信，展望人类命运共同体构建过程中所呈现的新生态体系，为解决全球经济、法治问题提供创新性思路和方案，进一步促进财经政法融合发展、范式更新。本文库的著者有德高望重的学科开拓者、奠基人，有风华正茂的学术带头人和领军人物，亦有崭露头角的青年一代，老中青学者秉持家国情怀，述学立论、建言献策，彰显"中南大"经世济民的学术底蕴和薪火相传的人才体系。放眼未来、走向世界，我们以习近平新时代中国特色社会主义思想为指导，砥砺前行，凝心聚

---

① 习近平：《在哲学社会科学工作座谈会上的讲话》，2016年5月17日。

力推进"双一流"加快建设、特色建设、高质量建设,开创"中南学派",以中国理论、中国实践引领法学和经济学研究的国际前沿,为世界经济发展、法治建设做出卓越贡献。为此,我们将积极回应社会发展出现的新问题、新趋势,不断推出新的主题系列,以增强文库的开放性和丰富性。

"中南财经政法大学'双一流'建设文库"的出版工作是一个系统工程,它的推进得到相关学院和出版单位的鼎力支持,学者们精益求精、数易其稿,付出极大辛劳。在此,我们向所有作者以及参与编纂工作的同志们致以诚挚的谢意!

因时间所囿,不妥之处还恳请广大读者和同行包涵、指正!

中南财经政法大学校长

前　言

中华人民共和国成立以来，我国的财务与会计理论一直是随国有企业的发展而发展、随国有企业的改革而变革。党的十一届三中全会之后，随着我国的改革开放，国有企业作为经济体制改革的主要内容迅速展开，企业制度的改革，企业基金、利润留成、责任承包的实施，特别是建立社会主义市场经济和建立"现代企业制度"的提出，对我国财务和会计的理论、方法产生了深远的影响。与此相应，我们也从企业财务与会计的角度来研究国有企业的改革及实施的一些理论问题，并着力探讨研究财务管理与会计作为企业制度的重要基础，如何保证现代企业制度的完善和顺利运行。1998年，我们开始了国家自然科学基金资助课题"现代企业制度下国有企业财务管理与会计管理模式研究"（项目号：79770101）的研究，之后又在几个省部课题下进行了相关的后续研究，并根据研究成果发表了一系列论文。2003年，《国有企业财务与会计监督》系列研究论文获湖北省第三届社会科学优秀成果二等奖，王竹泉博士的博士学位论文《公司治理结构中的会计监督研究》获湖北省优秀博士学位论文一等奖；此外，2001年，《中国大陆市场经济条件下企业财务管理的目标与体制》论文获湖北省社会科学优秀成果（1994—1998年）三等奖。

本书内容主要是我们1998—2007年研究成果的汇集和总结。本书反映了在我国国有企业改革最重要的那段历史时期，对国有企业改革理论和实践的探索和研究，以及对财务管理和会计监督理论和实践的研究，具有较大的理论意义和实际意义。从现阶段看，本书所研究和提出的财务管理和会计监督理论，以及一些国有企业改革理论和做法，对有关的理论研究和实际工作，仍具有较大的参考价值。

我国国有企业曾在相当长的时期被称为"国营企业"。1993年3月29日，第八届全国人大一次会议通过修正案，将"国营经济"改为"国有经济"，同时，国营企业对应更名为国有企业。长期以来，我国国有企业为我国经济建设、科技进步、国防建设、民生改善和社会发展作出了巨大的历史性贡献。

几十年来，国有企业的改革经历了漫长的探索和发展过程。1978—1984年，主要是放权让利，扩大企业自主权。1983年政府实行第一步"利改税"，1984年实行第二步"利改税"，进一步扩大企业自主权。1987—1991年，政府主要完善了企业经营机制，实行以"包死基数、确保上交、超收多留、歉收自补"为主要内容的承包制，打破"大锅饭"、调动企业和职工的积极性。1993年，党的十四届三中全会《关于建立社会主义市场经济体制若干问题的决议》提出了建立以"产权清晰，权责明确，政企分开，管理科学"为目标的现代企业制度，使企业真正成为市场主体。多年来，通过建立现代企业制度，探索公有制特别是国有制的多种有效实现形式，深化国有企业公司制股份制改革，优化国有经济布局和结构，完善各类国有资产管理体制和制度，国有企业的活力、实力和竞争力得到极大的增强，国有经济总量进一步增加。[①]

以国有控股工业企业为例，1998年，国有控股工业企业资产总计7.49万亿元，净资产2.68万亿元，利润总额0.05万亿元；2005年，国有控股工业企业资产总计11.76万亿元，净资产5.09万亿元，利润总额0.65万亿元；2018年，国有控股工业企业资产总计43.99万亿元，净资产18.17万亿元，利润总额1.86万亿元。[②]

我国的国有企业改革取得了巨大的成就，但国有企业改革仍在路上，还有许多理论和实际问题需要我们去探索和研究。

本书的作者包括罗飞博士（中南财经政法大学教授、博士生导师）、王竹泉博士（中国海洋大学教授、博士生导师）、黄本尧博士（中国人保资产管理有限公司副总裁）、柳木华博士（深圳大学教授）、詹雷博士（中南财经政法大学副教授）。本书的出版得到了中南财经政法大学"双一流"建设文库项目以及中国财政经济出版社樊清玉、孙琛同志的大力支持和帮助，在此致以衷心的感谢！

作　者

[①] 李忠杰.共和国之路[M].北京：中共中央党校出版社，2020.
[②] 见本书附录C。

目 录

第一章　国有企业的财务管理环境与财务关系　　1
　　一、财务环境的概念与构成要素　　1
　　二、财务环境与财务关系　　7
　　三、财务环境的特征及其评价方法　　11
　　四、国有企业财务管理环境　　13
　　五、现代企业制度下国有企业财务环境和财务关系　　22

第二章　国家作为出资者对国有企业的财务管理　　29
　　一、国家作为出资者与国家作为社会管理者和宏观经济调控者
　　　　对国有企业管理的区别　　29
　　二、为什么要加强国家作为出资者对国有企业的财务管理　　30
　　三、加强国家作为出资者对国有企业财务管理的理论依据　　33
　　四、国家作为出资者如何加强对国有企业的财务管理　　35
　　五、国家出资者对国有企业的管理要以财务管理为中心　　40
　　六、深圳市国有控股公司对国有企业财务管理的案例　　42
　　七、规范国家作为出资者对国有企业财务监督体制　　45

第三章　国有企业的财务决策机制　　48
　　一、现代企业制度与企业财务决策机制　　48
　　二、财务决策机制的影响因素　　50
　　三、财务决策机制构造的基本方法　　52
　　四、国有企业财务决策机制的构建　　54

第四章 国家出资者对国有企业财务管理的激励与监督约束机制　　60

一、国家出资者财务管理的激励与监督约束机制：现状及存在问题分析　　60

二、产权结构调整：解决国有企业激励和监督约束问题的根本出路　　62

三、建立国家出资者财务管理的激励与监督约束机制的基础　　65

四、国家出资者财务管理的激励与监督约束机制的设计　　66

第五章 国有资本监管体制与国有控股公司监管模式研究　　71

一、国有资本监管体制与国有控股公司监管模式改革的简要回顾　　71

二、国有资本与国有资产概念界定　　73

三、国资委监管的国有资本范围　　75

四、国有资本监管的分工、层次及研究重点　　77

五、地方政府国有资本监管的目标定位和国有经济布局和结构调整的现状　　80

六、地方政府国资委层面国有资本监管体制改革　　84

七、国有控股公司层面的国有资本监管模式选择　　88

第六章 国家出资者对国有企业的会计监督：理论与模式　　94

一、会计监督的概念　　94

二、国有企业的会计监督——中国会计的一大特色　　97

三、建立现代企业制度：国家出资者对国有企业会计监督命题产生的经济背景　　98

四、研究基点：政资分开　　100

五、理论基础：委托—代理理论和产权理论　　102

六、理论构架的核心：理顺国家出资者会计监督与其他监督的关系　　106

七、国家出资者对国有企业现行会计监督形式评说　　110

八、模式设计：构建国家出资者对国有企业会计监督的新模式　　114

第七章　独立董事制度与会计监督　　116
  一、独立董事制度与公司治理　　116
  二、上市公司会计监督模式之选择　　118
  三、上市公司会计监督体系之重构　　122
  四、如何调动独立董事的积极性　　127
  五、审计委员会如何开展工作　　129
  六、独立董事与股东制衡　　131
  七、独立董事的失职问题和独立董事责任保险制度　　134

附录 A　中国大陆企业财务管理的体制与目标　　135
附录 B　论我国企业财务评价指标体系的改进　　147
附录 C　国有控股工业企业财务概况（1998—2018 年）　　158
参考文献　　159

第一章　国有企业的财务管理环境与财务关系[①]

一、财务环境的概念与构成要素

（一）财务环境的概念及研究财务环境的意义

环境是个相对的概念，它是相对于主体而言的客体。《现代汉语词典》将环境解释为"周围的情况和条件"。任何事物都是在一定的环境条件下存在和发展的，任何组织也都不是孤立存在的，而是一个与其环境相互作用、相互依存的系统，作为人类重要实践活动之一的管理活动更不例外。

斯蒂芬·P. 罗宾斯在其著作《管理学》中给环境所下的定义是："环境是指对组织绩效起着潜在影响的外部机构或力量。"具体到财务环境，或称为财务管理环境、理财环境，一般认为：企业财务环境是企业财务活动的主体所依存的环境，是企业财务主体在财务管理过程中所面临的对财务目标有直接或间接影响的各种因素的集合。

财务环境对财务管理的影响是显而易见的。王化成在分析了 20 世纪财务管理的发展过程后认为：财务管理目标、财务管理内容、财务管理方法的变化，都是理财环境综合作用的结果。有什么样的理财环境，就会产生相应的理财模式，也就会产生相应的财务管理的理论体系。因此，他选择财务环境作为财务管理理论结构的起点。[②]

我们赞同将财务环境作为财务管理理论结构的起点。事实上，任何财务管理理论和方法都有其生存发展的环境条件，脱离其产生和应用的环境条件进行

[①] 本书的主要内容为国家自然科学基金资助课题《现代企业制度下国有企业财务管理与会计管理模式研究》的研究成果，项目号：79770101。
[②] 王化成. 财务管理理论结构 [A]. 载周首华等. 现代财务理论前沿专题 [C]. 大连：东北财经大学出版社，2000.

孤立的研究，最终都不可能有好的结局。不同的企业或同一个企业在不同的时期，其所面临的财务环境因素一般都是有差别的，与之相适应的财务管理理论和管理方法就必然会存在差异。对国有企业来说，在经过建立现代企业制度的改革之后，其财务环境已经发生了很大的变化，与此同时，国有企业财务管理的理论和模式也只有进行相应改革，才能适应新的财务环境并立于不败之地。有鉴于此，我们把对国有企业财务环境的研究作为研究国有企业财务管理机制和财务管理模式的前提和基础。

（二）财务环境的构成要素

财务环境是一个多层次、多方位的复杂系统，从不同的角度对其进行分析必然会得出不同的结论。

1. 中外学者对财务环境的分类

郭复初教授从影响财务主体的范围大小把财务环境区分为宏观财务环境和微观财务环境，从制约或影响企业财务活动的因素是来自于企业外部还是内部，把财务环境区分为企业外部财务环境和企业内部财务环境。他认为：宏观财务环境是特定时期内的社会大环境，即对所有企业都有影响作用的各种客观条件和因素，其构成要素主要包括政治法律因素、经济因素、社会教育因素以及科技因素等，微观财务环境则是指在特定的时间和空间内，仅对某个、某类或某些特定企业产生影响作用的因素总和，其主要构成要素有市场状况、生产经营状况、企业管理体制、企业组织形式、内部管理水平、财务组织结构、领导及员工素质等；企业外部财务环境是指独立存在于企业外部的影响财务活动的客观条件和因素，而企业内部财务环境则是指存在于企业内部的影响财务活动的条件和因素。[①]

王化成教授对财务管理环境从三个角度进行了分类：按照财务管理环境包括的范围，将其分为宏观财务管理环境和微观财务管理环境；按照财务管理环境与企业的关系，将其分为企业内部财务管理环境和企业外部财务管理环境；按照财务管理环境的变化情况，将其分为静态财务管理环境和动态财务管理环境。前两种分类及其内容与郭复初教授的观点基本相同。至于第三种分类，他认为，静态财务管理环境是指那些处于相对稳定状态的影响财务管理的各种因素，它通常指那些相对容易预见，变化性不大的财务环境部分，它对财务管理

---

① 郭复初. 财务通论 [M]. 上海：立信会计出版社，1997.

的影响程度也是相对平衡，起伏不大的。动态财务管理环境是指那些处于不断变化状态的、影响财务管理的各种因素。从长远观点来看，财务管理环境都是发展变化的，都是变化状态下的财务管理环境。这里，所谓动态财务管理环境，是指变化性强、可预见性差的财务管理环境部分。在市场经济体制下，商品市场上的销售数量及销售价格，资金市场的资金供求状况及利息率的高低，都是不断变化的，属动态财务管理环境。在财务管理中，应着重研究、分析动态财务管理环境，并及时采取相应对策，提高对财务管理环境的适应能力和应变能力。[①]

美国学者詹姆斯·C. 范霍恩和小约翰·M. 瓦霍维奇在其所著的《现代企业财务管理》中，把财务环境归结为商业环境、税收环境和金融环境三个方面，其中商业环境主要是指企业的组织形式。

由此可见，中外学者对财务环境研究的侧重点有所不同。国外学者对财务环境的研究较多地关注企业外部对财务目标产生影响的重要因素，很少涉及企业内部对财务目标产生影响的因素。国内学者则不仅重视对外部财务环境的研究，而且对企业内部财务环境也很重视。

2. 财务主体及其财务环境要素

我们认为：财务环境是相对于财务主体而言的，研究财务环境的目的就是使财务主体明确影响其财务决策的外部因素，以便正确地进行财务决策。但企业的财务主体是多样化的，因此财务环境必然是多层次、多方位的。

财务主体具有以下几方面特征：①有独立的经济利益；②有独立的财权；③有明确的目标。我们知道，企业是一个复杂的契约组合体，契约各方都有自己的利益追求。这种经济利益的实现是以契约各方的财权为保障的。企业的各利益相关主体参与企业治理的过程，也就是契约各方行使财权实施财务管理行为的过程。从这一意义上讲，契约各方都是财务主体。

不同的财务主体所面临的财务环境显然是不同的，对特定财务主体来说，其他财务主体实质上是其面临的财务环境的一部分。因此，单纯以企业为界划分内部财务环境和外部财务环境或微观财务环境和宏观财务环境，可能难以满足各财务主体进行财务管理的需要。遗憾的是，人们在谈及财务时，往往只是把其与企业这一主体联系在一起，而忽视了企业本身其实是若干个财务主体的

---

① 王化成. 浅论财务管理环境 [J]. 财会月刊，2000 (6).

结合。与此相对应，在分析财务环境时，也往往是以企业作为财务主体去进行分析，而少有对企业中包括的各财务主体所面临的财务环境的分析。不可否认，从宏观的角度来看，每一个企业都是一个独立的财务主体，有自己的经济利益和财务目标，并有相应的财权作保障。但在现代企业制度下，企业作为财务主体的财权，实质上是在所有者、债权人、经营者、职工、供应商和顾客等之间进行分割的。研究企业财务管理，如果仅停留在宏观的层面上进行分析，肯定是不够的。企业的特点和企业财务的复杂性决定了企业财务管理具有微观的特征，必须从微观的角度做深入分析才能得出有意义的研究结论。

虽然各财务主体所面临的财务环境都是有区别的，但我们也应当认识到，各财务主体的财务环境是相互交错、相互联系的。事实上，各财务主体本来就是通过契约联系在一起的。因此，任何一个财务主体的决策都要考虑其他财务主体的利益要求，要在契约各方达成的企业治理契约的框架内行事。企业治理契约或公司治理结构是企业各财务主体进行财务决策时首先需要考虑的重要因素，其对每一个财务主体的财务决策都将产生实质的影响和约束，从而构成了各财务主体共同的且具有直接约束力的环境力量。

企业治理契约或公司治理结构作为财务环境具有微观性。不同的企业，其公司治理结构及其实际运行状况都是不同的。也正是由于这种不同，才导致它们在财务主体财务管理过程和方法等方面有很大的区别。因此，企业治理契约或公司治理结构作为企业财务环境具有直接、具体的特征，其对财务主体的财务管理的影响是直接的。每一个企业和特定的财务主体，其财务管理首先要适应其具体的财务环境。但财务管理与财务环境的关系并不是单纯的适应与被适应的关系，财务管理对财务环境也具有反作用，而且这种反作用也首先是作用于其具体财务环境。财务环境研究除了要使财务主体明确影响其财务决策的因素以外，另一个重要目的则是研究改善或加强财务管理需要什么样的财务环境，从而变被动适应为主动要求变化，营造有利于财务管理的良好财务环境。对特定财务主体来说，优化财务环境也只能是从其微观的、具体的财务环境着眼，从完善企业治理契约或公司治理结构入手。

公司治理契约或公司治理结构以外的其他方面，如政治环境、法律环境、经济环境（包括金融市场环境、产品市场环境、经理和劳动力市场环境等）和社会文化环境等，其对财务主体的财务管理的影响则是间接的，其最终都要通过企业治理契约或公司治理结构才能对财务主体的财务管理产生实际的影响。

企业治理契约或公司治理结构以外其他方面的环境因素虽然具有宏观性，但由于其必须通过企业治理契约或公司治理结构才能对企业财务主体的财务决策产生实际影响，而企业治理契约或公司治理结构又具有微观性，因此上述宏观性环境因素对各个企业的实际影响也就具有微观性。因此，财务环境归根结底是微观的，从各财务主体的角度来看更是这样。

鉴于上述分析，我们把财务环境按其对财务主体财务决策的影响不同分为两大部分，一部分是企业治理契约或公司治理结构，这是对企业各财务主体的财务决策有直接影响的环境因素，因此将其称为具体财务环境；另一部分是企业治理契约或公司治理结构以外的其他方面的环境因素，由于其对财务主体财务决策的影响是间接的，因而将其称为一般财务环境。这种分类有助于弥补将财务环境分为企业内部财务环境和企业外部财务环境的不足。对财务主体的财务决策来说，其对环境因素的考虑主要是要区分哪些环境因素对财务决策有直接的影响，哪些环境因素只对财务决策产生间接影响。在多数情况下，起直接影响作用的环境因素既有企业内部的环境因素，又有企业外部的环境因素。例如：经营者作为财务主体进行财务决策时，必须首先考虑投资者、债权人、供应商、顾客和社会公共利益，这些因素对其财务决策将产生直接影响，而它们显然是在企业的外部（除非按公司治理结构作为划分企业内外的标准），因此单纯划分企业内部和外部对财务环境进行分析是不够的。有鉴于此，对财务环境的研究应区分一般财务环境和具体财务环境进行。

这里的一般财务环境就是指企业治理契约或公司治理结构以外的其他环境因素。包括政治环境、法律环境、经济环境、社会文化环境、科技教育环境，等等。一般财务环境对所有企业的财务都可能产生影响，但这种影响往往是间接的，并通过具体财务环境因素体现出来。具体财务环境是指对财务主体的财务决策有直接影响的那部分财务环境，具体财务环境对每个企业而言是不同的，但其基本内容都可以用企业治理契约或公司治理结构来概括。具体财务环境一般包括以下几方面要素：

（1）投资者，包括股东和债权人。他们是企业资金的提供者，他们的利益要求决定了企业筹集和使用资金成本的高低。除此而外，他们还对企业制订筹资决策、投资决策和利润分配决策有直接影响。其中，股东享有选择经营管理者、参与重大财务决策、分配投资收益和最终处置资产的权利，从而对企业重大财务决策施加直接影响，其目标是实现股东财富最大化；债权人则主要通过与企业签订具有保护性条款契约的方式对企业的财务决策施加影响，以使企业保持较强的偿债能力、变现能力。在企业无力偿还债务时，债权人还可取得对企业的财务控制权。在某些国家，如日本，债权人特别是银行对企业财务决策的影响相当大。资本市场方面的一般财务环境因素的作用主要通过该具体财务环境因素得以体现。国有企业投资者身份的特殊性是国有企业财务环境区别于其他企业财务环境的一个重要方面，国家作为国有企业的出资者与国家作为社会管理者对国有企业的管理职能的分离，则是最重要的推动国有企业财务管理理论和模式变革的环境力量。

（2）供应商和顾客。供应商包括原材料、机器设备等生产资料的提供者，顾客则是吸收本企业产出的主体。良好的与供应商和顾客的关系是企业增加价值的重要源泉，也是企业各财务主体利益实现的重要途径，其对企业降低成本、赢得竞争起着举足轻重的作用，是企业最重要的经济资源。不同类型的与供应商和顾客的关系所导致的成本、利润、存货、应收账款、现金流量等有显著的差异。因此，供应商和顾客是企业营运资金管理、成本管理、利润管理及战略财务管理等需要考虑的最重要环境因素。20 世纪 90 以来，风靡全球的业务流程再造、供应链管理、客户关系管理等管理理论和方法的出现，则是企业管理主动营造良好财务环境的典型例证。一般地说，产品市场、通货膨胀及经济周期等一般财务环境的作用主要通过该具体财务环境因素得以体现。

（3）政府。政府对财务主体财务决策的直接影响主要体现在两个方面：一是作为社会管理者所制定的政策法规、管理制度，直接限定了企业作为财务主体开展财务活动的范围；二是作为社会管理者运用税收、收费等手段直接参与企业的利益分配。至于政府作为国有企业的所有者对国有企业财务管理的影响应归属在投资者要素中，不能作为本要素的构成内容。政治环境、法律环境、税收环境等一般财务环境的作用主要通过该要素得以体现。

（4）企业经营者和职工。企业经营者和职工是企业经营的主体，他们是企业治理契约或公司治理结构的重要组成部分。对于投资者来说，与企业经营者和职工在财权和利益分配等方面进行博弈，始终是其财务管理的重要内容，对企业经营者和职工的财务激励和约束也始终是财务管理的难题之一。除此之外，企业经营者和职工的素质和精神风貌也直接影响着企业财务管理的目标，而且对企业财务目标的实现程度有着直接的影响，因此在财务决策时必须认真考虑企业经营者和职工这一环境因素。教育、科技、文化及经理和劳动力市场等一般财务环境的作用主要通过该要素体现出来。

财务管理活动总是依存于特定的财务管理环境。但是，不论是一般财务环境，还是具体财务环境，都不是一成不变的。恰恰相反，不断发生变化是它们的基本特点。因此，每一个财务主体必须随时关注其具体财务环境的变化，并注意一般财务环境可能发生的变化及其所产生的潜在影响，以便尽快适应财务环境的变化。只有这样，才能做到在变幻莫测的财务环境中得心应手，运营自如。当然，财务管理活动对财务管理环境特别是对具体财务管理环境也有一定的反作用。科学的财务管理应当使财务管理环境不断改善，从而更有利于财务主体财务目标的实现。

二、财务环境与财务关系

财务环境是财务主体做出财务决策所需考虑的外部因素。财务环境既有自然属性的一面，更有其社会属性的一面。因此，财务主体与财务环境的交互作用的结果，就不仅体现了一种技术关系，还包括了财务主体与其他财务主体之间的社会关系在内，这种社会关系则集中表现为各种财务关系。财务关系的存在说明财务管理绝不是类似自然科学的一种技术或方法，而是蕴涵了丰富制度内容的社会科学。

（一）财务关系：现代企业财务管理研究的一个重要方面

一般认为，财务关系是指企业在组织财务活动过程中与有关各方所发生的经济利益关系。夏乐书认为："财务是企业和行政、事业等单位的资金运动及其所体现的经济关系。企业等单位的资金运动称为财务活动，资金运动所体现的经济关系称为财务关系。"

对财务关系的研究受企业理论的影响很大。事实上，企业理论对整个财务管理理论的形成都有着至关重要的影响。传统的企业理论把企业视为一个"黑箱"，主要从技术的角度，运用边际分析方法，把它们当成行为方式与消费者完全一样的生产者来研究[①]。这种理论把企业看作一个完全有效的黑匣子，在它内部，任何东西都能十分顺利地运行着，这显然与实际不符。可以说，对制度和

---

① 费方域. 企业的产权分析［M］. 上海：上海三联书店，上海人民出版社，1998：4.

经济关系研究的缺乏是传统企业理论最大的缺陷。与传统的企业理论相对应，传统的财务管理也是偏重于数量和技术层面的分析和研究，而对制度和财务关系层面的研究却没有得到重视。

制度经济学、契约理论、交易费用理论、产权理论等经济学理论的提出，把经济学的研究从重技术层面的研究转向了重制度层面的研究。这些理论使人们认识到制度因素是影响经济效率的一个非常重要的因素，因此公司治理结构成为企业理论领域的研究热点。与此相关，财务管理理论的研究也开始从重视数量研究逐渐转向重视制度和财务关系的研究。

我国对财务管理的研究，一开始就比较重视对财务关系的研究，这可能与马克思的政治经济学比较重视生产关系的研究有关。有不少学者认为，财务关系是体现财务本质的最重要的方面。但由于我国在相当长的时期内，实行的是计划经济体制，那时企业本身并不是真正意义上的财务主体，因此对财务关系的研究更多的是服务于国家宏观管理的需要，而很少涉及企业内部的诸财务关系。改革开放初期，我国在引进西方财务管理理论的过程中，比较重视财务管理技术和数量分析方法的引进，而对西方现代财务管理理论中有关制度的内容则很少提及。这种做法导致我国财务管理理论的研究也开始转向了技术和数量层面，对财务关系的研究在一段时间内被忽视了，这无疑是我国财务管理理论研究的一大失误。

事实上，这种研究失误的后果很快就显现出来。特别是进行现代企业制度改革以来，企业的制度环境发生了很大的变化，企业已逐渐转变成一个真正意义上的财务主体，企业的各利益关系人之间的矛盾和冲突日益明显，而如何协调这种矛盾和冲突，我国现成的财务管理理论并没有一个具有指导意义的科学解释。因而，企业财务管理混乱，财务制度薄弱，财务管理效率低下的现象在那一时期非常普遍。严峻的现实告诉我们，财务管理理论研究仅从数量和技术的层面研究财务活动是远远不够的，还必须从制度的层面深入研究财务关系。在这种认识的影响下，对财务关系的研究又开始成为财务管理研究的重点和热点问题，而且在这一问题的研究过程中，大多数财务管理学者都形成了这样一个共识，即对企业财务管理的研究要在公司治理结构的框架内进行，并与企业治理的要求相适应。近年来我国财务学界提出的出资者财务、经营者财务、财务经理财务等，都是在这种认识指导下形成的研究成果。因此，对财务关系的研究仍然应作为现代企业财务管理的重要内容，而且在现代企业制度下，由于财务主体更加多元化和复杂化，因此对财务关系的研究就显得更为重要。

（二）财务环境与财务关系：现象和本质

如前所述，企业财务环境是企业财务活动的主体所依存的环境，是企业财务主体在财务管理过程中所面临的对财务目标有直接或间接影响的各种因素的集合。按照财务环境对财务主体财务决策的影响不同，我们把财务环境分为两大部分，一部分是具体财务环境，即企业治理契约或公司治理结构等对企业各财务主体的财务决策有直接影响的环境因素，包括所有者、债权人、供应商、顾客、经营者和职工等方面；另一部分是一般财务环境，即企业治理契约或公司治理结构以外的其他方面的环境因素，包括政治环境、法律环境、经济环境、社会文化环境、科技教育环境等。我们认为，上述分类虽然把财务环境与财务主体的决策联系起来，但主要还是从财务管理活动的现象和客观方面进行分析和描述的，尚没有触及财务管理活动的本质，这也是由财务管理环境本身的特点所决定的。

深入分析财务管理环境与财务主体财务决策的联系，并侧重从制度的层面研究财务主体财务决策的内容，就不难看出，财务主体的各种财务决策其实质都是在处理与其他财务主体的财务关系。虽然影响财务主体决策的有具体财务环境和一般财务环境两方面的因素，但是从其所涉及的财务关系来看，最终都可以归结为企业治理结构内部各特定财务主体与其他财务主体之间的财务关系，这种财务关系涉及的空间范围是在企业治理或公司治理结构的框架以内，一般财务环境的诸因素只是对财务主体处理上述财务关系时产生影响，而并不是另外产生一种超越企业治理契约或公司治理结构的新财务关系。这一解释可以从另一角度印证我们前面阐述的财务环境归根结底都具有微观性的观点，也充分说明了与企业治理和公司治理结构相联系研究企业财务管理的重要性。

在企业治理和公司治理结构的框架内研究财务关系，可以把财务关系分为以下几种类型：

（1）所有者作为财务主体与其他利益关系人之间的财务关系；

（2）债权人作为财务主体与其他利益关系人之间的财务关系；

（3）供应商和客户作为财务主体与其他利益关系人之间的财务关系；

（4）经营者和职工作为财务主体与其他利益关系人之间的财务关系；

（5）政府作为财务主体与其他利益关系人之间的财务关系。

上述财务关系如图1-1所示。

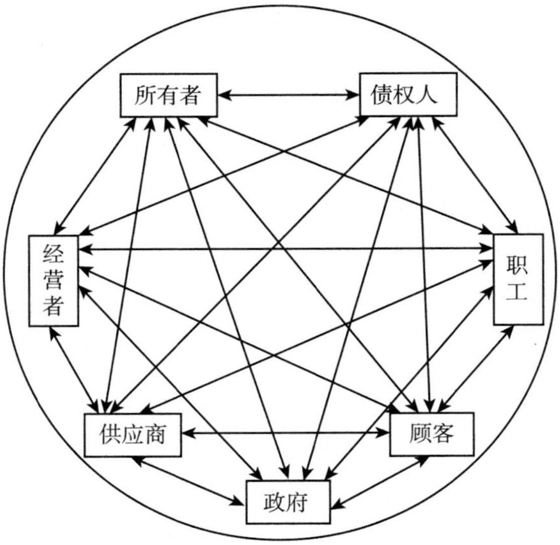

图1-1 公司治理结构下不同财务主体之间的财务关系

由图1-1可以看出，在公司治理结构下，主要有7个方面的不同利益主体，这7个方面的利益主体都可以是一个独立的财务主体。每一个财务主体都可能与其他六个财务主体之间发生经济利益关系，因此对每一个财务主体的财务管理来说，其都要涉及六种不同的财务关系。而从企业治理结构的整体来看，所需要研究的财务关系则多达22种。

虽然每一个特定财务主体都需要考虑6种财务关系，但这些财务关系并不是同等重要的。每一个财务主体在进行财务决策时，也难以兼顾各种财务关系，通常只能根据决策的具体问题着重考虑那些重要的财务关系。但那一种财务关系是重要的，在不同的时期及对于不同的决策问题而言是不同的。每一个财务主体的财务决策都会影响或改变其与其他财务主体的财务关系，这种改变又可能引起其他财务主体对财务关系进行再调整，其他财务主体对财务关系进行的再调整对每一个特定财务主体来说则属于财务环境的改变，这种改变又可能引起该特定财务主体对其与其他财务主体的财务关系进行再调整。由此可见，在财务环境和财务主体之间存在着一种交互作用，这种交互作用不断演绎着新的财务关系。各种财务管理活动，究其实质，都是在对上述22种财务关系进行调整和重新设计。因此，财务关系是财务管理的本质，而财务环境和财务活动则只不过是财务管理的表象。

三、财务环境的特征及其评价方法

由于财务环境对财务决策来说异常重要,且不同的财务主体以及同一财务主体在不同时期所面临的财务环境可能完全不同,因此,要正确地进行财务管理的各种决策,就必须准确把握财务环境的特征。

(一) 财务环境的基本特征

虽然不同的财务主体所面临的具体财务环境可能大相径庭,但各种不同类型的财务环境都具有系统性和开放性的特征,透过这两个特征,我们就可以对错综复杂的财务环境进行评价。

1. 系统性

正如前面本书所提出的那样,研究财务环境的目的是为了使财务主体明确影响其财务决策的各种因素,以便做出正确的财务决策,而笼统地从企业整体的角度去研究财务环境,并不能满足有关财务主体财务决策的需要。夏恩·桑德教授也提出过,从企业的契约模型来看,企业本身并不是一个经济角色,它自己并没有目标或动机,也不能用任何主体界定。它只不过是一个舞台,自发的经济主体在这个舞台中按照相互的协议或隐含的规则去表演,以实现他们各自的目标。为了方便起见,把这种安排本身称为"企业"。企业并不是一个有目的的主体。[1]

既然企业并不是一个有目的的主体[2],而财务环境又是相对于财务主体而言的一个概念,因此,笼统地以企业作为财务主体去研究财务环境,也就是站在各种财务主体组合的共同立场上去看待财务环境,只能看到一般财务环境,具体财务环境则被完全忽视了,但恰恰是具体财务环境对特定财务主体财务决策的影响更大,故研究财务环境应当从特定财务主体的角度并关注其具体财务环境。

从特定财务主体的角度看其具体财务环境,其实就是该财务主体所在的企业,即由特定的所有者、债权人、经营者、职工、供应商、顾客和政府等要素组成的契约组合。这些要素之间存在着相互联系和制约,它们在这种相互联系和制约中去实现各自的目标。所有这些,都表明财务环境具有系统性特征,因

---

[1] [美] 夏恩·桑德. 会计与控制理论 [M]. 方红星等,译. 大连:东北财经大学出版社,2000:18.
[2] 这是就企业作为一个经济平台而言的。如将企业作为一个经济主体,则是有目的的。

此也可以说财务环境是一个系统。进一步说，财务环境系统是一个有人参与的系统，其组分具有某种程度的智能性，因此，财务环境又是一个复杂系统。

2. 开放性

构成财务环境的各个要素并不是一成不变的，对具体财务环境来说更是这样。不论是企业的所有者、债权人，还是企业的经营者、职工、供应商和顾客等，都是处在不断变动的过程之中的。这种变化既有一般财务环境的影响和作用，又有具体财务环境之间的相互作用和财务主体对具体财务环境的反作用。这表明财务环境不仅是一个复杂系统，而且是一个开放性的复杂系统。

把财务环境视为一个开放性的复杂系统，有助于我们运用复杂科学的理论和方法去研究财务环境。复杂科学不再将经济看作市场稳定和供求均衡的结果，而看作由许多相互作用的个体在不稳定的状况下彼此不断调整关系的结果。每个个体都根据它对未来的预测及其他个体的反应来采取行动，并且在不断地学习和适应。[1] 从复杂科学的角度看财务管理，财务管理实质上是由具有相互联系和相互制约的财务主体，在不稳定的财务环境中不断调整财务关系的结果。

（二）财务环境评价的基本方法

财务环境具有复杂性和开放性的特征，因此对财务环境的评价就可以从复杂度和稳定度两个维度进行分析。

1. 复杂度

企业财务环境是由众多的影响企业财务主体财务决策的因素构成的。对于特定的财务主体来说，财务环境对其财务决策的影响实际上是各因素间交叉或综合作用的结果。因素众多，且各因素相互交叉和综合，使财务环境极为复杂。财务环境的复杂程度取决于财务环境中包括的要素数量及这些要素相互之间的关系。一般来说，财务环境的构成要素越多，财务环境的各构成要素对财务主体财务决策影响方式的种类也就越多，财务环境的复杂性程度就会越高，反之，则财务环境的复杂性程度就越低。

2. 稳定度

诚如上述，财务环境不仅是由众多的要素构成的复杂系统，而且是一个开放性系统。构成财务环境的要素数量和它们之间相互关系以及各个要素对财务

---

[1] 成思危. 中国企业管理面临的问题及对策 [M]. 北京：民主与建设出版社，2000：8-9.

主体财务决策的影响方式等都是处于不断运动变化过程中的，因而从长期看，财务环境都具有不稳定的特点。但这不能否认在一定时期内财务环境可能具有相对稳定性。因此，稳定度可以作为评价财务环境的另一个维度。

从复杂度和稳定度两个维度评价财务环境，可以把所有的财务环境分为四种不同的类型，如图1-2所示。

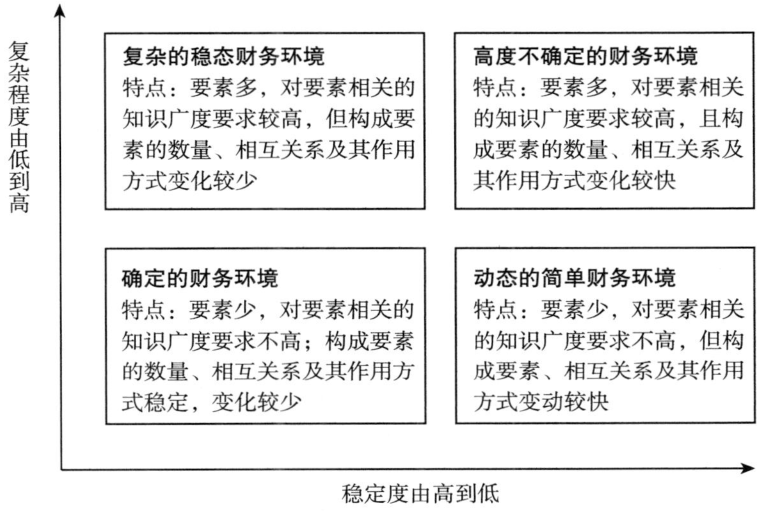

```
复杂程度由低到高 ↑

┌─────────────────────┬─────────────────────┐
│ 复杂的稳态财务环境   │ 高度不确定的财务环境 │
│ 特点：要素多，对要素 │ 特点：要素多，对要素 │
│ 相关的知识广度要求   │ 相关的知识广度要求   │
│ 较高，但构成要素的   │ 较高，且构成要素的   │
│ 数量、相互关系及其   │ 数量、相互关系及其   │
│ 作用方式变化较少     │ 作用方式变化较快     │
├─────────────────────┼─────────────────────┤
│ 确定的财务环境       │ 动态的简单财务环境   │
│ 特点：要素少，对要素 │ 特点：要素少，对要素 │
│ 相关的知识广度要求   │ 相关的知识广度要求   │
│ 不高；构成要素的数   │ 不高，但构成要素、   │
│ 量、相互关系及其作用 │ 相互关系及其作用     │
│ 方式稳定，变化较少   │ 方式变动较快         │
└─────────────────────┴─────────────────────┘
                                    → 稳定度由高到低
```

图1-2　财务环境按复杂度和稳定度的分类

对于财务主体来说，如果可以选择，那么他们最乐于选择的将是确定的财务环境，最不乐于选择的将是高度不确定的财务环境，其他两种则介于这两者之间，以最大限度地降低财务决策失误的风险。但遗憾的是，它们却极少能完全控制这种选择。因此，正确评价财务主体目前所处的财务环境属于哪一类型，对于财务主体做出与其相适应的财务决策来说就显得尤为重要了。

四、国有企业财务管理环境

国有企业财务管理环境是企业的财务决策难以改变的外部客观存在的约束条件，企业的财务决策更多的是适应它们的要求和变化。国有企业财务管理的环境涉及的范围很广，其中最重要的是法律环境、金融环境和经济环境。

（一）国有企业财务管理的法律环境

国有企业财务管理的法律环境是指国有企业发生经济关系时所应遵守的各

种法律、法规和规章。国家管理国有企业经济活动和经济关系的手段包括行政手段、经济手段和法律手段三种。在国有企业的改革过程中,行政手段逐步减少,而经济手段,特别是法律手段日益增多,把越来越多的经济关系和经济活动的准则用法律的形式固定下来。国有企业的理财活动,无论是筹资、投资还是利润分配,都要和企业外部环境发生经济关系。在处理这些经济关系时,应当遵守有关的法律规范主要有以下几个方面。

1. 国有企业组织法规

企业组织必须依法成立,组建不同的企业,要依照不同的法律规范。1988年8月1日起施行的《中华人民共和国全民所有制工业企业法》是对我国全民所有制企业的设立、变更和终止、企业的权利和义务、企业与政府的关系以及相关的法律责任等方面的行为规范。为了推动全民所有制工业企业进入市场,增强企业活力,提高企业经济效益,国务院根据《中华人民共和国全民所有制工业企业法》于1992年7月23日制定了《全民所有制工业企业转换经营机制条例》,明确规定了企业转换经营机制的目标是:使企业适应市场的需要,成为依法自主经营、自负盈亏、自我发展、自我约束的商品生产和经营单位,成为独立享有民事权利和承担民事义务的企业法人。另外,若全民所有制企业改制为国有独资公司和国有控股公司,则应依照1994年7月1日起施行的《中华人民共和国公司法》。

2. 国有企业财产监督法规

国有企业财产监督管理是指国家有关部门或者有关机构对指定的或者所属的国有企业财产的经营管理实施监督管理的活动。国有企业财产监督法规主要包括1994年7月24日发布的《国有企业财产监督管理条例》、1997年2月财政部提出的《关于加强国有企业财务监督的意见》以及国务院于1998年7月3日发布的《国务院稽查特派员条例》。

3. 国有资产产权界定法规

国有资产产权界定是对国有资产的所有权以及经营权、使用权的归属进行确认的一种法律行为。搞好国有资产的产权界定,对于维护国家和其他产权主体的利益,对于调动资产经营者的积极性,对于促进建立明晰的现代企业制度,深化我国的经济体制改革具有十分重要的意义。为此,国家国有资产管理局于1993年11月21日发布了《国有资产产权界定和产权纠纷处理暂行办法》,对国有资产产权界定的原则和做法以及产权纠纷的处理做出了具体规定。

4. 国有资产评估法规

国有资产评估即是对国家所有的资产进行评议估价。资产评估活动必须按照国家统一的规则进行。国务院于 1991 年 11 月 16 日发布了《国有资产评估管理办法》，1992 年 7 月 18 日国家国有资产管理局又发布了《国有资产评估管理办法细则》。这个"办法"和"细则"对国有资产评估的原则、对象、范围、组织管理、评估程序以及法律责任等问题做出了规定。

5. 企业国有资产产权登记法规

企业国有资产产权登记是指国有资产管理部门代表政府对占有国有资产的各类企业的资产、负债、所有者权益等资产状况进行登记，依法确认产权归属关系的行为。国有资产即全民所有的资产，其中绝大部分为国有企业所占有。国家是全民所有资产的所有者，国家对其财产的所有权由国务院行使。根据国务院于 1996 年 1 月 25 日发布的《企业国有资产产权登记管理办法》及其实施细则的规定，国有企业、国有独资公司、国家授权投资的机构，占用、使用国有资产的集体企业，国有企业、国有独资公司投资设立的企业，以及其他形式占用、使用国有资产的企业，都应当依照规定申请办理国有资产产权登记。

6. 税务法规

任何企业都有纳税的法定义务。税负是企业的一种费用，税负增加了企业的现金流出，对企业理财有重要影响。不同国家的国有企业所面临的税务法规环境是不相同的。我国有关税收的立法分为三类：所得税法、流转税法和其他税法。

所得税法是指对纳税人的所得额课税的税法。在我国颁布的《所得税法》中，国有企业应当遵守的是国务院于 1994 年 1 月 1 日颁布实施的《中华人民共和国企业所得税暂行条例》，以及由财政部 1994 年 2 月 4 日发布的《中华人民共和国企业所得税暂行条例实施细则》。

流转税法是指纳税人在商品生产、流通和提供劳务过程中的商品流转额或营业额课税的税法。国有企业应当遵守的流转税法包括国务院于 1994 年 1 月 1 日颁布实施的《中华人民共和国增值税暂行条例》及其实施细则、《中华人民共和国消费税暂行条例》及其实施细则和《中华人民共和国营业税暂行条例》及其实施细则。对于从事商品的生产、流通及加工、修理、装配的国有企业，执行《中华人民共和国增值税暂行条例》及其实施细则；对于服务性国有企业，执行《中华人民共和国营业税暂行条例》及其实施细则。从事特殊产品的生产及进口业务的国有企业，除加纳增值税外，还需要交纳消费税。

其他税法包括对财产征税的税法以及其他一些零星税种。国有企业必须执行的主要有：1988年10月1日《中华人民共和国印花税暂行条例》及其实施细则、1992年4月1日颁布实施的《中华人民共和国进出口关税暂行条例》、1994年1月1日颁布实施的《中华人民共和国资源税暂行条例》及其实施细则和《中华人民共和国土地增值税暂行条例》及其实施细则等。

7. 财务法规

财务法规是财务管理的工作准则。国有企业必须遵守的财务法规主要有《企业财务通则》和分行业的财务制度。《企业财务通则》由财政部制定，于1993年7月1日起实施。是对企业从事财务活动、实施财务管理的基本原则和规范。其内容主要包括对企业的资金筹集、资产管理、收益及分配等财务管理工作的基本规定。财政部根据《企业财务通则》的规定和各行业经营业务特点和特定的管理要求，制定了包括工业、运输、商品流通、邮电、金融、旅游饮食服务、农业、对外经济合作、施工的房地产开发、电影和新闻出版社等十大行业财务制度。于1993年7月1日起实施。行业财务制度对各行业企业财务管理从资金筹集到企业清算等全过程的具体内容和要求做出了具体的规定，是各行业国有企业必须遵循的具体制度。另外，国有企业还必须遵守与企业财务管理有关的其他经济法规，如1982年7月1日颁布的《中华人民共和国经济合同法》、1994年4月1日发布的《结汇、售汇及付汇管理暂行规定》、1997年12月1日起施行的《支付结算办法》、1999年7月1日颁布实施的《中华人民共和国证券法》等。

市场经济是一个法制化的经济体制，目前我国市场经济的法制体系已经逐步建立，市场经济已步入法制化的轨道。国有企业只有清楚所处的法律环境，才能合法经营，实现企业的目标。

（二）国有企业财务管理的政治经济环境

国有企业财务管理的政治经济环境是指对国有企业的财务管理决策产生影响的政治、经济等宏观方面的外界环境。

1. 政治环境

一个国家的政治环境会对国有企业的财务管理决策产生至关重要的影响。和平稳定的政治环境有利于企业的中、长期财务规划和资金安排。国有企业在我国的国民经济中占有举足轻重的地位，但国有企业的经营状况令人不得不担忧。据不完全统计，至1998年底，国有及国有控股工业企业达5.9万家（其中大中型企业1.4万家），流动资产高达28795亿元。1995—1998年，全部国有工业企业账面平均负债率分别为65.8%、65.1%、65.4%、65.5%。1.4万家大中型国有企业平均负债65%，有6054家负债超过80%，2186家负债超过100%，即资不抵债。许多经济学家认为，若扣除坏账，负债比率会更高。1998年大中型国有企业亏损面为55.1%。国有企业拥有整个经济50%的资本存量和人力资源、70%的银行贷款、优于非国有企业平均状况的技术装备，但仅提供了30%以下的工业产值、35%的国内生产总值、20%的经济增长、5%以下的新增就业。20年改革开放以来，经济增长率的3/4由非国有部门提供，国有部门是改革期间唯一增长率下降的部门。国有企业效益持续下降影响财政收入，使庞大的政府运转艰难；国有企业亏损面加大，无效资产增多使金融体系风险日增；国有企业享有种种特许经营权，但生产效率低下，大量浪费资源，影响了社会的持续发展；随着深化国有企业改革，国有企业纷纷停工停产，大量多余劳动力必将从企业转入社会，加上已经存在的失业人口和每年新生的劳动力，需要就业的数量巨大，就业压力增大。因此就业岗位不足，不仅是一个经济问题，更是一个政治问题。能不能尽快建立起完善的社会保障体系，直接关系到社会的稳定。自从1993年十四届三中全会提出社会保障体制改革方案后，我国的社会保障体系取得了很大的进展。但由于历史遗留问题以及人口老龄化程度的提高，我国社会保障体系存在的潜在风险较为突出，未来支付压力很大。要减小社会保障支出的负担和风险，一方面要通过多种方式和途径偿还、补充社会保障基金收入，如变现部分国有资产充实社会保障基金、征收社会保障税、发行特种国债等；另一方面则要求对社会保障基金进行有效管理和营运，实现社会保障基金的保值和增值。我国社会保障基金的营运管理上不仅存在诸如挪用资金、私设小金库、甚至贪污私分等人为问题，而且基金投资渠道单一，保值增值手段有限。以前我国的社会保障基金按规定在留足二个月的支付准备后只能购买国债（约占80%）或存入银行（约占20%），不得进行其他投资。这种单一的投资选择明显不利于社会保障基金的保值增值。尤其是我国股票市场发展迅速，投资股市的收益大大高于投资国债、存款的收益，目前已允许部分社会保障基金进入股市。

社保基金的筹集方式、缴费比率以及在资本市场上的运作都和企业的财务管理紧密相关，都会对企业的现金流量产生重大影响。社会保障体系的完善，关键是要有一个稳定、可靠的资金筹措机制。目前一些地方社会保障制度改革进展缓慢，一个重要原因就是国有企业的资金紧张。因此国有企业在财务决策时必须在全面了解国家的社会保障制度，统筹规划员工的社保资金。

2. 经济环境

经济环境是指国有企业在进行财务活动时所面临的宏观经济状况。主要包括以下几个方面：

（1）经济发展状况。近几年我国经济较高水平的持续稳定的发展给国有企业的经营提供了一个较好的宏观经济环境。1999 年，国有及国有控股企业盈亏相抵实现利润 967 亿元，企业赢利的年度增长率为 77.7%，是 1995 年来的最好水平。与此同时，亏损企业的亏损额下降，达到近年来减亏增长的最好水平。1999 年，以国有资本为主体运行的纺织、建材、有色金属、铁路、民航五大行业，实现了全行业的扭亏为盈。但目前国有企业效率的改善，是在政府大力支持下取得的，其时间的稳定性还需要时间的考验。

经济发展的速度，对国有企业的理财有着重大的影响。在经济高速发展时期，企业要在同行业中维持它的地位，就需要相应增加厂房、机器、存货、工人等资本性和经营性支出，因此需要大规模地筹集资金，从而对财务人员的筹资决策产生影响。另外企业的销售状况会随着整个宏观经济的波动而波动，而销售额的变动对一个企业的现金流量会产生较大的影响，因此财务人员对这种波动要有所准备，筹措并分配足够的资金，用以调整生产经营。

（2）政府的经济政策。我国经济在 1996 年实现了软着陆，主要标志是连续 3 年的高通胀下降到一位数字后，GDP 仍然保持 9.6% 的增长率。此后，政府以有效需求不足的判断为依据，开始启动刺激经济增长的货币、财政政策。货币政策的工具主要是调低存、贷利率。由于货币政策滞后期的存在，使政府在 1998 年以后把调控的重点转向扩张性的积极财政政策。从 1998 年以来，我国通过适当增加财政赤字、增发国债、加大固定资产投资等积极财政政策，有力推动经济增长。据估计，1998 年结转的固定资产投资资金和 1999 年增发的 600 亿元国债及其配套资金，拉动经济增长约 2 个百分点。政府的经济政策对国有企业的财务活动具有重大的影响，企业在财务决策时，要认真研究政府政策，按照政策导向行事，才能趋利除弊。

（3）WTO 对国有企业的影响。加入 WTO 我国国有企业将面临严重的挑战和冲击。从长远来看，加入 WTO 对我国经济是有利的，因为由 WTO 所带来的激烈竞争能促使企业增强风险意识，提高生产和管理效率，推动经济的发展。同时由于我国劳动力成本低，劳动力密集型行业具有相对比较优势。但也要清醒地认识到，由于我国正处在从计划经济向市场经济转变，从粗放型增长方式向集约型增长方式转变的过程中，大多数国有企业素质不高，规模偏小，核心竞争力不强，承受外国商品冲击的能力有限，对国有企业是一个严峻的挑战。为了改善国有企业的竞争地位，国有企业需要引进先进的设备、技术和管理经验，改进工艺流程和生产方法，提高生产和管理效率，因此需要大规模的投资，这些投资必然会对国有企业的财务管理决策产生重大的影响。

(4) 通货膨胀和通货紧缩。通货膨胀不仅对消费者不利，给企业的投资决策也带来很大困难。在高通货膨胀时期，由于投资者不能合理预期投资报酬率，投资风险增大，因此会抑制投资需求。而在通货紧缩时期，有效需求不足，导致企业的销售下降，成品积压不能变现，阻碍企业的现金流转，影响整个经济的发展。从 1999 年初开始，政府采取多种措施，刺激消费，例如提高居民收入、降低存款利率、鼓励消费信贷等，但有效需求不足和通货紧缩情况仍不乐观。1999 年社会商品零售总额增长 6.8%，低于 GDP 增长 7.1% 的增长的幅度；商品价格虽有所回升，但幅度甚微，10 月和 11 月每月只回升 0.2%~0.3%，生产资料价格已连续 44 个月下降，消费资料价格也已连续 25 个月下降，1999 年零售物价指数 -2.9%。市场缺乏新的销售热点。

(5) 利率。利率的波动影响企业的资金成本，财务人员在筹资决策时，要根据对利率波动的预期，选择合适的资金来源，降低企业的资金成本。另外利率的波动会引起与此相关的股票和债券价格的波动，从而对企业的投资决策也会产生影响。1999 年 6 月 10 日，中国人民银行大幅度下调了银行存贷款利率，这是自 1995 年以来的第七次降息，经过这次调整，一年期存款利率降为 2.25%，一年期贷款利率降为 5.85%，目前的银行利率水平不但是改革开放以来的最低点，而且也是新中国成立以来的最低点，同时也大大低于国际金融市场上主要币种的利率。由于国有企业的负债率较高，银行利率的七次向下调整，大大减轻了国有企业的利息负担。

(6) 汇率。对于有进出口业务的国有企业，汇率的波动使企业要承受外汇风险。企业的财务人员应根据国际经济的发展状况对汇率产生的影响，充分利用资本市场的衍生金融工具进行套期保值，以规避外汇风险。

（三）国有企业财务管理的金融环境

1. 金融环境概述

金融环境是指企业经营管理过程中与企业发生关系的金融市场。金融市场是指资金融通的场所。金融市场可分为货币市场和资本市场。货币市场也称短期资金借贷市场，主要是一年期以内的短期资金借贷市场。资本市场又称长期资金融通市场，主要是指长期债券和股票市场。

金融市场由主体、客体和参加人组成。金融市场主体是指银行和非银行金融机构，它们是金融市场的中介机构，是连接筹资者和投资者的桥梁；金融市场客体是指金融市场上的买卖对象，如商业票据、股票、债券、可转让大额存单等各种信用工具；金融市场的参加人是指客体的供给者和需求者，如企业、事业单位、政府部门、个人等。

金融机构是金融市场的中介机构。我国的金融机构主要包括中国人民银行、商业银行、专业银行以及非银行金融机构，如保险机构、信托投资公司、基金管理公司、证券公司和证券交易所等。

2. 当前国有企业面临的金融市场现状

（1）银行贷款。我国国有企业的负债率普遍较高，很多在80%或更高的水平，有其独特的历史背景。在经济体制改革开始以前，我国国有企业的固定资产投资全部来源于国家财政拨款；与其配套的流动资金，则大体分为定额和非定额两部分，前者是指企业生产经营正常周转所需要的最低限额的资金，它由国家财政承担，后者是企业生产经营中季节性和临时周转所需要的资金，它由银行贷款解决。1979年国有企业开始了固定资产投资"拨改贷"试点，1985年全面地开展了"拨改贷"，将国有固定资本全部转化为银行贷款，国有企业还本付息的巨大压力从此产生。为了减轻国有企业的负担，改善国有企业的资本结构，促进企业转换经营机制，加快国有大中型企业扭亏为盈，盘活商业银行的不良资产，防范和化解金融风险，1999年4月20日，专门处理建设银行不良资产的信达资产管理公司正式挂牌成立，并于1999年9月2日与北京市水利厂签订了第一笔"债转股"协议。继信达以后，其他三家资产管理公司：东方资产管理公司（处理中国银行的不良资产）、长城资产管理公司（处理农业银行的不良资产）、华融资产管理公司（处理工商银行的不良资产）也于1999年10月16日到19日分别挂牌成立。通过"债转股"确实减轻了国有企业的还本付息的负担，优化了财务报表的资本结构。但实质上国家的财政收入只是从利息收入转变为股利收入和股权转让收入。国家能否获取这些收入，关键是国有企业的经营机制发生了根本性的转变，建立了现代企业制度的公司治理结构，提高了国有企业的经营效益。但如果只是从账面上削减对银行的债务、把不良债权变成了不良股权，而未从根本上转变国有企业的经营思想和经营机制，提高经营效益。那么"债转股"只是将国有商业银行的风险转移给了金融资产管理公司。

（2）证券市场。我国证券市场经过10来年的发展，已初具规模。截至2000年11月27日，深沪两市共上市1031家，总市值4.47万亿元，流通市值1.48万亿元。为近1000家国有企业融资了3000多亿元。但目前我国证券市场还很不完善，存在许多亟待解决的问题。这主要是：同股不同权，将近70%的国有股、法人股不能上市流通，几乎不可能在二级流通市场上通过收购兼并控股一家上市公司。

证券市场的功能定位。证券市场的主要功能是通过证券的价格信号引导社会资源流向效率最高的部门，从而达到优化资源配置和调整产业结构的目的。因此证券市场不仅仅是为国有企业"圈钱"的场所，也不是单纯为国有企业"解困"服务的工具。

上市公司的质量不高。上市公司的质量是证券市场健康发展的基石。整体而言，目前我国上市的国有控股公司的效益很不理想，一年绩优、两年绩平、三年亏损的现象普遍存在。信息披露不规范。"琼民源""蓝田股份""红光实业"等上市公司虚假的信息披露说明了证券市场的信息披露的真实性还存在着严重的问题。证券市场的法制体系还很不完善。《投资基金法》还在起草过程中，尚未颁布实施。市场监管水平有待提高，内幕交易、操纵市场等违规行为时有发生。市场投资主体单一，缺乏机构投资者。尽管最近成立了多家证券投资基金，但目前证券市场仍以散户投资者为主，不利于市场的稳定发展。中小投资者的合法权益得不到保障。证监会对披露虚假信息误导投资者的上市公司进行处罚，但对因虚假信息受到损失的投资者未给予补偿。

3. 国有企业财务管理与金融市场的关系

金融市场与国有企业的理财具有十分紧密的关系，金融市场的作用主要表现在以下几个方面：

（1）金融市场是国有企业筹资和投资的场所。国有企业需要资金时，可以到金融市场选择适合自己需要的方式筹资，如银行贷款、融资租赁、发行股票和债券。企业有了剩余资金，也可以灵活选择投资方式，为其资金寻找出路，如银行存款、投资国债和购买股票。

（2）国有企业可以通过金融市场使长短期资金互相转化。国有企业作为战略投资者持有的上市公司股票可以在规定的持有期到期后在证券市场上卖出；持有的可上市流通债券可以随时转手变现，成为短期资金；远期票据可以通过贴现，变为现金；大额可转让定期存单，也可以在金融市场卖出，成为短期资金。与此相反，短期资金也可以在金融市场上转变为股票、债券等长期资产。

（3）金融市场可以为国有企业理财提供有意义的信息。金融市场的利率变动，反映了资金的供求状况；有价证券的市价波动反映了投资者对企业的经营状况和盈利水平的客观评价。因此它们是企业经营和投资、筹资的重要依据。例如：当前市场利率水平上升，处于历史较高水平，而预期利率将会下降，企业在此时以固定利率筹集长期资金是不恰当的；同样，若某上市公司的股票市价因各种原因下跌，市场不景气。在这种情况下公司不适合通过发新股或配股等方式筹集长期股权资金。

五、现代企业制度下国有企业财务环境和财务关系

财务环境具有微观性，不同的企业或不同的财务主体，同一企业或同一财务主体在不同的时期，其所面临的具体财务环境都可能是不同的。作为现代企业制度下国有企业财务管理理论研究的一部分，对国有企业财务环境和财务关系的研究不可能分别针对每一个国有企业或每一个特定的财务主体进行，只能对国有企业中各类财务主体所面临的具体财务环境中具有普遍性的问题进行归纳和总结。

如前所述，从特定财务主体的角度看其具体财务环境，其实就是该财务主体所在的企业，即由特定的所有者、债权人、经营者、职工、供应商、顾客和政府等要素组成的契约组合，这其中又蕴含 22 种不同的财务关系。由于我们的研究课题是现代企业制度下国家对国有企业财务管理和会计管理的理论和模式的研究，并特别侧重于国家作为国有企业出资者对国有企业财务管理和会计管理的研究，因此，本书将重点研究现代企业制度下国家作为国有企业所有者财务主体时财务环境的新特点，并着重研究在新的财务环境下国家作为国有企业的所有者财务主体与其他财务主体之间财务关系的协调。

经济体制改革特别是建立现代企业制度的改革以来，国有企业的财务环境

发生了巨大的变化，国家作为国有企业的所有者财务主体，其具体财务环境的变化更为显著。相应地，国家作为国有企业所有者财务主体与国有企业其他财务主体之间的财务关系也由此进入了一个全新的调整时期。在现代企业制度下，国有企业的财务环境和财务关系主要有以下几方面的特点：

（一）国家作为出资者与国家作为社会管理者与国有企业的财务关系日趋分离，国有企业面临的税费压力越来越大

我国传统的国有企业制度是一种国家高度集权体制下的行政管制性的企业制度。其特点是：政府按照政企合一的原则直接管理，从投资、生产经营计划、原材料、设备、劳动、工资，到产品价格、销售，都要报政府审查批准，国家几乎完全控制了国有企业的收益分配，国有企业基本上没有财务自主权。当时，国家是以双重身份——国有企业所有者和社会行政管理者与国有企业发生财务关系，但由于政资不分、政企不分导致国家作为所有者与国有企业的财务关系与国家作为社会管理者与国有企业的财务关系混乱，政府直接干预、税利不分等问题严重制约了国有企业财务管理效率的提高。

经济体制改革以来，围绕着实现政企分开、两权分离进行了一系列的改革和探索。按照政府的社会经济管理职能与国有资本所有者职能分开的原则，政府直接管理国有企业的方式有了一定程度的改变。政府各部门逐渐解除了与直属国有企业的行政隶属关系，初步建立起以间接手段为主的宏观调控体系，基本形成了财政、金融、计划相互配合的调控机制。与此同时，按照党的十五届四中全会确定的国有资产实行"国家所有、分权管理、授权经营、分工监管"的原则，各级政府在行使国有企业所有者权能的方式方面也进行了许多改革和探索。通过这些改革，使国家作为所有者与国有企业的财务关系与国家作为社会管理者与国有企业的财务关系日趋分离，它们之间界线也越来越清晰。

国家作为所有者与国有企业的财务关系是一种有偿性的投资分利关系，不论是从国家作为所有者角度，还是从国有企业经营者角度来看，这种关系都具有微观性。国家凭借所有权委派产权代表，参与国有企业重大财务决策，有权分享国有资本经营收益。国有企业经营者则享有充分的财务自主权，但其财务活动需接受来自所有者的财务监督（如接受委派的财务总监或监事会的监督）。国家作为社会管理者则主要依靠宏观经济和法律调控手段来促进国家产业政策在国有企业的贯彻和实现社会经济发展目标，其与国有企业的经济关系是一种无偿性、强制性的税费收缴关系，从国家作为社会管理者的角度看这种经济关

系是一种财政关系,具有宏观性,而从每一个国有企业来看,这种经济关系是一种财务关系,具有微观性。

相对而言,经过财税管理体制的改革,国家作为社会管理者与国有企业的财务(财政)关系已经确定下来,但国家作为所有者与国有企业的财务关系则由于国有资产管理体制改革尚未完全到位而处于不稳定的状态,还有待进一步改革和探索。

(二)国有企业经营者的独立财务主体地位逐渐确立,并逐渐成为影响国家作为国有企业所有者财务主体时财务决策的最重要因素

传统的国有企业,并不是严格意义上的企业。国家凭借国有企业所有者和社会行政管理者的双重身份对国有企业实行直接的行政干预和控制,国家对国有企业经营者是通过行政方式任命和管理的。由于国家对国有企业实行"统收统支"的财务政策,企业的供、产、销及资金收支计划都要由政府主管部门决定,国有企业经营者几乎没有一点自己独立的财务自主权,因而其并非独立的财务主体。

经济体制改革以后,特别是进行公司制改革以来,按照"所有权与经营权分离"的原则,国家逐渐把国有企业的经营自主权交还给其经营者,国有企业经营者的财务自主权逐步得到了恢复,从而逐渐确立起独立财务主体的地位。与其他公司制企业一样,国有企业经营者作为财务主体时其追求的目标与国家作为国有企业所有者的财务目标是不一致的,因此,如何协调作为所有者财务主体的国家与国有企业经营者之间的财务关系,就成为国家作为所有者财务主体时财务决策的重要内容。国有企业经营者的构成及其在企业中的地位、权力,以及经营者的个人素质、经营能力和风险偏好等,都是国家作为所有者财务主体进行财务决策时所需要考虑的重要环境因素。另一方面,由于企业所有者具有选择和更换经营者的权力(至少按现行法律法规看是这样),因此,国家作为国有企业所有者财务主体时又可以对经营者财务主体这种环境因素施加重大影响或进行优化,除非它不想这样做。

(三)其他投资者及债权人对国家作为所有者财务主体的影响逐渐增强

传统国有企业,其财产归全民所有,国家作为全民的代表行使对国有企业的所有权。尽管国家如何行使对国有企业的所有权一直是困惑国有经济改革的一大难题,但由于进行现代企业制度改革之前,国家是国有企业唯一的所有者,因此,国家作为国有企业所有者财务主体进行财务决策时,不存在来自其他出

资者的干扰和影响。但这种状况在对国有企业进行公司化改造和建立现代企业制度改革之后就大不相同了。由于投资主体由原来的单一投资主体转变为多个投资主体，使国有企业的所有权结构发生了变化，在国家作为国有企业出资者财务主体的同时，又新增了法人、个人等新的出资者，从而使出资者财务主体呈多元化分布。由于国有企业的所有权被多个出资者财务主体共同行使，因此，作为出资者财务主体之一的国家在进行财务决策时，客观上就需要考虑其他出资者的利益要求及与它们的财务关系。随着国有股减持步伐的加快和针对中小股东利益保护的法规和制度的完善，国家作为国有企业出资者财务主体进行财务决策时，需要考虑的来自其他投资者的影响和约束也会越来越多，其对国家出资者财务决策的影响也会越来越强。

另一方面，债权人特别是银行对国家出资者财务决策的影响也在逐渐增强。在计划经济时期，国有企业的融资（严格来讲，不能称其为融资，而应称为资金供给）主要依靠财政拨款，企业的融资结构为财政主导型的融资结构。那时，国有企业的基本建设资金由财政统一拨款，生产经营所需的定额流动资金由财政部门核定拨给，作为企业自有资金，无偿占用，超定额流动资金才由银行信贷资金供应，银行贷款只占企业全部资金来源的极小部分。再加上国有银行和国有企业同为政府的附属物，没有自己的财务自主权，银行与国有企业之间的债权债务关系具有"内源"的特征，因此银行对国有企业的约束力很小，集国有企业所有者和社会管理者于一身的国家在国有企业的财务管理中占据绝对统治的地位。

自1983年国家投资体制实行"拨改贷"开始，国有企业的融资结构由财政主导制转变为银行主导制，银行贷款逐渐成为企业投资的主要资金来源。由于缺乏财务风险意识，负债经营一时成为众多国有企业追求的时尚，资产负债率不断攀升，1980年国有企业的资产负债率为18.7%，到1995年上升到71%，银行成为国有企业最大的资金供应者和债权人，银行对企业财务决策的影响明显增强。特别是1996年以来，随着国有银行商业化改革步伐的加快以及《中华人民共和国商业银行法》的正式颁布实施，国有商业银行开始按现代商业银行经营机制运行，自主经营、自担风险、自负盈亏、自我约束，银行与国有企业的债权债务关系开始正规化和市场化。由于国有商业银行的独立性增强，其在国有企业中独立的财务主体地位逐渐形成，从而使国有商业银行对国有企业的制约力逐渐加大，1998年曾一度出现"惜贷"现象。与此同时，银行利用自身的信息优势和人才优势对国有企业的事前、事中、事后的监督也在加强。借鉴日本等国家的做法，从 1996 年开始，我国也开始了主银行制度的试点。中国人民银行总行颁布了《主办银行管理暂行办法》，决定在 300 户重点国有企业和北京、天津、上海、武汉、济南、德阳等 7 城市的国有大中型企业中实施主办银行制度。1997 年又新增 212 户重点国有大中型企业实施主办银行制度。此外，一些城市和地区也参照《主办银行管理暂行办法》，对本地的重点企业实行了主办银行制度。主办银行并不是要包办对国有企业的追加投资，更重要的是加强了对国有企业的监督和约束。所有这些，都对国家作为出资者的财务管理产生了越来越大的影响。

（四）国有企业职工对企业财务决策的影响力增强

在计划经济体制下，职工在国有企业中所处的地位较为独特。他们一方面是国有企业理论上的所有者中的一员，另一方面则又是企业劳动力要素的提供者。作为国有企业所有者的一员，他们是企业的"主人"，因此职工理应成为影响企业财务决策的重要力量。但是，作为劳动力要素的提供者，国有企业职工又只能通过劳动，并根据按劳分配原则取得个人收入。由于分配上的"平均主义"和"大锅饭"，影响了职工推进改革、加强管理的积极性和创造性的发挥，再加上计划经济时期高度集权的财务管理体制，事实上职工对财务决策的关切度是很低的，其对财务决策的影响力是相当小的。

改革的深入，使国有企业拥有了相应的财务自主权，相应的"铁饭碗"也日渐被破除，下岗失业风险大大增加，保障制度逐步社会化。在这种情况下，职工的利益逐渐成为影响企业财务决策的非常重要的力量。受利益相关者共同治理思想的影响，国有企业在进行现代企业制度改革的过程中，对于职工参与企业治理都较为重视，大多数企业的董事会和监事会中都有职工代表参加。但职工参与财务决策追求的是自身利益的最大化，这种利益最大化与国家作为出资者追求的股东财富最大化显然是有矛盾的，表现在他们对同一决策的态度可能完全不同。例如，对于一个虽无利润但仍然能够保障正常的工资报酬的投资项目，职工可能不会反对该项目的实施，但国家作为出资者就不会赞同这种意见。

为了协调职工的利益与出资者利益的矛盾，并进一步调动职工参与企业治理的积极性，职工持股等改革措施应运而生。职工持股计划的出台，不仅使人力资本参与收益分配的要求得以实现，更使国有企业的职工有了与国家作为国有企业出资者一起直接参与重大财务决策的制度基础。因此，在现代企业制度下，国有企业职工已经发展成为一支不可忽视的影响企业财务决策的重要力量。

（五）供应商和顾客成为影响企业财务决策的新生力量

国有企业在从计划经济走向迈向市场经济的过程中，国有企业财务环境变化的另一个重要特点就是其与供应商和顾客关系的根本转变。在计划经济时期，国有企业已经习惯了统购统销的运行模式，可以说，那时国有企业与供应商和顾客的关系具有高度的确定性和稳定性，并实行统一的购销价格，因此国有企业营运资金管理比较简单。随着经济体制的转变，国有企业的购销体制发生了根本的变化，原来所享受的各种优惠政策也逐渐被取消，这直接影响了国有企业与供应商和客户的关系。特别是20世纪90年代以来，市场由卖方市场转向了买方市场，国有企业经受了前所未有的市场压力。在这种背景下，国有企业对与供应商和顾客关系的价值有了深刻的认识。在培育与供应商、顾客之间保持长期的、稳定的协作关系方面的投资，已被公认为与实物资本、人力资本同等重要的价值创造的源泉。通过互惠的正式以及非正式的契约安排所缔造的关系网络，使企业能够成功地超越自身资源和能力的局限，把原本属于其他企业的互补资产、互补技术以及共享的产业能力等大量的外部资源纳入到了自我发展的轨道。

企业与企业之间基于互惠和信任建立起的长期合作关系不仅扩大了企业利用的资源和能力范围，使企业的边界变得模糊，而且其所带来的组织结构的变化直接影响到了企业治理结构的安排。杨瑞龙、周业安认为：最优治理结构的衡量标准是能够使企业具备最佳竞争力。即具有长期利润最大化的能力。而最佳竞争力的获得直接取决于对企业内部及外部相关资源和能力的协调配置。外部网络化改变了传统治理结构安排以企业内部资源配置效率为核心的做法，要求企业在关注内部效率的同时必须关注外部协调效率。……如果企业想要成功地利用外部资源，就必须与其他企业建立起相对稳定的合作关系。这种基于互惠基础上建立起的合作关系必然要求相应的决策权和控制权等的安排。因为合作伙伴在一定程度上已经成为企业的利益相关者，应当参与企业的相关决策与安排。①

---

① 杨瑞龙，周业安．企业共同治理的经济学分析［M］．北京：经济科学出版社，2001：241-242.

国有企业与供应商和顾客关系的变化及由此引起的决策权和控制权安排的变化，必然对国家企业的财务决策和财务关系产生影响，从而使供应商和顾客成为影响企业财务决策的新生力量，而且这种力量的影响越来越显著。

综上所述，伴随着经济体制由计划经济体制向市场经济体制的转变，国有企业的财务环境发生了巨大的变化，财务环境的构成要素日益增多，且变化多端，经历了一个由相对确定性的财务环境向高度不确定的财务环境过渡的过程。国有企业财务环境的变化对国有企业的财务关系产生了重要影响，由过去单一的国家与企业的财务关系占主导转变为国家作为出资者、国家作为社会管理者、债权人、经营者、职工、供应商和顾客等多元财务主体共同主导的新型财务关系。

财务环境和财务关系的变化，实质上也就是企业的利益相关者及利益相关者相互之间利益关系的变化。由于每一种财务关系都至少涉及两个以上的财务主体，每一个财务主体又都有自己独特的经济利益，本着"效率和公平"的原则，财务关系中的任何一方都可以出于维护自身利益的目的对财务关系的调整施加影响，而不能简单地用另一方对这种财务关系的调整来取代。这就必然导致企业财务管理与利益相关者财务管理的分野。目前，我国财务理论界提出的财务主体层次论、所有者财务、经营者财务等都是上述变化的逻辑结果。可以预见，随着"利益相关者合作产权"理论的不断发展和完善，财务管理的目标将由利润最大化、股东财富最大化等逐渐转向利益相关者财务利益协调化，财务管理也将由企业财务管理演进到利益相关者财务管理的时代。从国家作为国有企业的利益相关者的角度对国有企业的财务管理和会计管理进行研究，正是本课题研究的出发点。

第二章 国家作为出资者对国有企业的财务管理

国有企业是我国国民经济的主导力量,对国有企业的管理历来是我国政府经济管理工作的重点。改革开放特别是十四届三中全会以来,国有资本管理体制发生了显著的变化,国家作为出资者对国有企业行使的所有者管理职能与政府作为社会管理者和宏观经济调控者行使的行政管理职能逐渐分离,国家对国有企业管理的内容也由原来的资产管理转变为目前的资本管理。国有资本管理体制的变化带来了一个新的课题,就是在社会主义市场经济条件下和现代企业制度下国家作为出资者如何加强对国有企业的财务管理,本书试图对这一课题作些分析。

一、国家作为出资者与国家作为社会管理者和宏观经济调控者对国有企业管理的区别

1. 对国家出资者的界定

要研究国家出资者对国有企业的管理问题,首先应对"国家出资者"进行界定。这里的国家出资者是指国有企业的所有者。从理论上来说,国有企业的出资者应当是全体人民,但这种解释无助于对国有企业的管理。要解决国有资本产权所有者的虚拟问题,需要建立一个能代表全体人民和国家行使其所有者权利和义务的实体组织。根据我国国有企业数目众多的具体情况,这个实体组织可设想分为两个层次:一是直接归属全国人大或国务院领导的专司国有资本管理的国有资本管理委员会,由它作为国有企业的终极所有者,二是在国有资本管理委员会和国有企业之间设置若干中间出资者——国有资本投资主体,国有资本投资主体在国有资本管理委员会授权的范围内行使对国有企业的所有权职能。因此,本书所探讨的国家出资者包括国有资本管理委员会和国有资本投

资主体两个层次。

目前，我国国有资产管理体制正按照"国家所有、分级管理、授权经营、分工监督"的原则进行改革和探索。国务院机构改革后，原国有资产管理局并入财政部，组建了国有资本金基础管理司、统计评价司和财产评估司，专司国有资本金管理工作。各地方人民政府也都成立了相应的机构专司国有资本金的管理工作。这些专司国有资本金管理的机构代表了国家出资者的最高层次（但目前赋予这些部门的职能中有一部分属于财政行政管理的职能，特别是财产评估司的职能）。按国有资本投资管理体制设立的中央和地方各级国有资本投资公司、国有资本经营公司、国有控股公司等国有资本投资主体则是本书所探讨的中间出资者。

2. 国家作为出资者与国家作为社会管理者和宏观经济调控者对国有企业管理的区别

国家作为出资者对国有企业的管理与国家作为社会管理者和宏观经济调控者对国有企业的管理是有区别的。作为社会管理者和宏观经济调控者，国家管理企业的范围不仅包括国有企业，而且还包括非国有企业，并主要依靠宏观经济和法律调控手段来促进国家产业政策的贯彻和实现社会经济发展目标，其主要职责是：

（1）为企业的生存和发展创造基本条件，例如提供基础公共设施、建立社会保障制度等；

（2）为企业制订基本的经济活动法律规则；

（3）为各种企业创造一个平等的竞争环境，建立并完善各生产要素市场，促进社会经济资源的合理流动和优化配置。其管理的手段主要是通过制定法律、产业政策和运用经济杠杆等。

国家作为出资者对企业的经营管理仅限于有国有资本金投入的企业，包括国有独资企业、国有资本控股企业和国有资本参股企业，无权以出资者身份参与那些没有国有资本金投入企业的经营管理。国家作为出资者对国有企业行使的权力范围是由法律、法规及公司章程等决定的，在不直接干预企业经营的前提下，实现对经营者的有效控制，切实保障国家作为出资者的权益不受侵犯，其管理手段则主要是建立健全对接受出资者的激励和约束机制。

二、为什么要加强国家作为出资者对国有企业的财务管理

当前，国家如何从出资者角度加强对国有企业的财务管理，已成为众人瞩

目的焦点。之所以要加强国家作为出资者对国有企业的财务管理，是基于以下几个方面的原因：

1. 实现国家作为出资者管理目标的需要

如前所述，国家作为出资者与国家作为社会管理者和宏观经济调控者对国有企业的管理有明显的区别，体现在管理目标上，国家作为出资者管理国有企业的目标应当是确保国有资本的保值和增值。在这一点上，它与私人出资者对企业管理的目标应当没有区别，这一目标也正是出资者财务管理的目标。至于国家拟通过国有企业实现的其他目标，则属于国家作为社会管理者和宏观经济调控者对国有企业管理的范畴，这些目标应通过立法、运用价格杠杆、财政补贴等手段去实现。而要实现国家作为出资者对国有企业管理的目标，则必须依靠和运用财务管理的手段和方法，建立健全国有企业出资者财务管理的机制，包括：①正确进行国有资本的投资决策，合理确定国有资本的投向，对国有资本的投入、退出、转让进行决策；②对国有资本的经营者通过审批财务预算、制订业绩评价指标及奖惩制度实施对经营者的激励；③审批国有资本经营者的财务决算，对国有资本收益分配事项进行财务决策；④对国有资本经营者的重大财务活动进行财务监督；

2. 建立现代企业制度的需要

研究国家作为出资者如何对国有企业加强财务管理，实质上是对国有企业财务机制的改革。而企业的财务机制又与企业制度密切相关。在明确提出将建立现代企业制度作为国有企业改革的目标之前，我国国有企业的改革，先后经历了企业基金制度、利润留成和盈亏包干制度、两步利改税、承包经营责任制等几个阶段，它们的共同缺陷在于都是在传统国有产权构架不变的前提下让渡一部分经营权，而不是企业财产权结构的重组和产权制度的创新，即改革未深入触及企业制度的核心内容——产权制度。实践证明，这些改革要么是难以实现"两权"真正分开，企业经营自主权不能得到充分发挥，无法有效地激励起企业经营者的积极性，要么是企业所有者的所有权虚置，难以形成有效地监督、约束经营者的机制，使"内部人控制"现象失控，所有者权益遭受不应有的损失。经过多年漫长而艰难的改革探索，直到党的十四届三中全会提出将建立现代企业制度作为国有企业改革的目标，我们才最终找到了解决问题的钥匙。

与国有企业制度改革所经历的曲折道路一样，国有企业财务机制的改革也一直只是在如何处理国家对企业的资金供给方式、国家与企业的分配关系、是集中财力还是扩大企业财权上,即在"放权让利"上绕圈子。究其原因,其中最重要的一条就是没有建立健全企业的财务机制,没有理顺企业内部财务关系,没有将财务职能在企业内部不同层次、不同部门之间实行科学的分工,财务管理的责权利没有具体分解、落实和明确。比如说,经济体制改革过程中逐步扩大了企业理财自主权,我们可以列举出扩大给了企业多少条财权,但是这些财权在企业内部又是如何按照责权利相结合的原则,具体分解到企业所有者、经营者、企业财务部门的呢?不具体回答这些问题,恐怕只能说是理顺了国家与企业之间的财务关系,而不能说是真正建立健全了企业财务机制。①

由此可见,企业财务机制的改革不仅是财务管理本身需要研究的问题,而且是建立现代企业制度、建立健全企业决策机制、激励机制和监督与约束机制的题中之意。加强国家作为出资者对国有企业的财务管理对真正实现两权分离和建立现代企业制度有着至关重要的意义。

3. 改革国有企业人事管理体制的需要

长期以来,国有企业的董事长、总经理等被视为一种行政职务,要由组织部门和人事部门进行任免,国有股权代表的委派也极不规范,许多地方是由政府主管部门领导兼任国有股权代表,有些是由主管部门或其他政府部门领导离、退休后担任国有股权代表,还有的地方则是由主管部门直接任命原企业的厂长、经理担任。这些做法实质上都是政资管理不分在国有企业人事管理体制上的体现。

在实行政资管理职能分开的前提下,对国有企业的人事管理体制应做相应的改革。要把国有企业董事、监事、股权代表等的委派权归还给出资者。国家作为出资者对国有企业重要经营管理人员的任免不应通过行政手段,而要通过经济手段,根据其经营能力和经营业绩任用、考核经营者。因此,加强国家作为出资者对国有企业的财务管理有助于国有企业人事管理体制的改革,从而实现管人与管资产(本)的结合。

4. 建立社会主义市场经济监督机制的需要

近年来,国有资产大量流失,会计信息严重失真的现象已引起社会各界的高度重视。这种现象说明了我们的经济监督机制很不完善。就国有企业来说,企业内部监督、所有者监督、政府行政监督及社会监督等的关系未能理顺,特

---

① 丁学东. 市场经济与财务管理 [M]. 北京:经济科学出版社,1998:113.

别是由于所有者缺位导致了所有权对经营权的监督弱化。

在明确出资人前提下，加强国家作为出资者对国有企业的财务管理，有利于通过适当的制度安排和必要的监控措施，切实加强出资者对经营者的财务活动和经营行为的约束和监督，改变目前对经营者软约束的局面，并为理顺经济监督体系、完善经济监督机制奠定良好的基础。

三、加强国家作为出资者对国有企业财务管理的理论依据

前已述及，企业财务机制的改革与现代企业制度有着血肉相连的关系。因此，研究国家作为出资者如何加强对国有企业的财务管理问题离不开现代企业理论的指导。

现代企业制度主要涉及三个方面的问题：企业控制权的配置和行使；对董事会、经理和职工的监控以及对他们工作绩效的评价；激励机制的设计和推行。[1] 在现代企业制度涉及的三方面问题中，不同的控制权配置方式决定了不同的决策机制，它取决于对财产终级所有权和法人财产权权利的具体安排。任何激励机制和监督约束机制的设计和运行都是建立在一定的决策机制基础上的，没有一定的决策机制，激励机制和监督约束机制都将是空中楼阁。目前，关于建立现代企业制度，许多人只是提建立健全企业的激励机制和监督与约束机制，而忽视了建立健全企业的决策机制这一前提。我们认为，这种提法值得研究。尽管激励机制和监督与约束机制是从决策机制中派生出来的，但不能认为只要建立健全了激励机制和监督与约束机制，决策机制没有必要存在了。事实上，决策机制是企业制度中最基本的的内容，激励机制和监督与约束机制则是为了使决策机制更为有效地发挥作用而建立的。如果没有合理的激励机制，决策者自身的积极性和创造能力就难以得到充分发挥，他们也不会做出使自己承担较大经营风险的决策，企业自然很难经营好。但是，仅有决策机制和激励机制也是不够的，没有有效的监督和约束机制，由于道德风险和信息不对称的原因，设计再好的决策机制和激励机制都是徒劳无益的。由此可见，决策机制、激励机制和监督约束机制是现代企业制度中密不可分的三个内容，缺一不可。

现代企业理论，从其所运用的方法上划分，可分为三大理论：一是交易费

---

[1] 刘诗白. 主体产权论 [M]. 北京：经济科学出版社，1998：294.

用经济学理论；二是委托—代理理论；三是产权理论。这三大理论都与现代契约理论有着密不可分的联系。在这三大理论中，交易费用经济学理论的重点限于研究企业与市场的关系，委托—代理理论则侧重于分析企业内部组织结构及成员之间的代理关系，产权理论则主要研究契约不完备时产生的剩余索取权和剩余控制权的分配及其对效率的影响问题。这三种理论的共同之点是都强调企业的契约性、契约的不完备性及由此导致的企业所有权的重要性。但相对而言，委托—代理理论和产权理论对研究企业财务机制改革的指导意义更大。

委托—代理理论认为：只要存在就业安排，并且在这种安排中一个人的福利取决于另一个人所做的，代理关系就存在了。詹森和麦克林将代理关系定义为一种契约关系，在这种契约下，一个人或更多的人（即委托人）聘用另一个人（即代理人）代表他们来履行某些服务，包括把若干决策权托付给代理人。委托—代理关系不仅存在于企业所有者与经营者之间，而且遍及企业经营管理的各个层次，如董事会与经理之间、经理与部门经理之间、部门经理与一般职工之间。但是，不论是哪一层次的委托—代理关系，代理人的行为都具有理性（或有限理性）和自我利益导向的特征，从而导致委托人和代理人之间存在着追求目标和利益上的差别和信息的不对称问题，因此需要建立制衡机制来克服潜在的权利滥用，通过激励机制促使代理人做出有利于委托人利益最大化的决策。

产权理论从企业是一种不完备的契约出发，论证了剩余索取权和剩余控制权的安排问题。产权理论的研究表明：在信息的不对称和契约的不完备条件下，没有在契约中详细规定的那部分权力，即剩余权力应当归资产的所有者所有。同时，解决契约不完备时激励问题的办法是分配财产的所有权：谁是所有者，谁有对财产的控制权，谁就有权解决契约不完备时的激励问题，并且最优激励机制应该是剩余索取权和剩余控制权最大对应的机制。

现代企业理论的研究成果为企业财务管理理论的研究和发展注入了生机和活力，也为企业财务机制的构建提供了重要的理论依据。借鉴现代企业理论的研究成果，我国的一些财务学者（郭复初[①]、干胜道[②]、谢志华、汤谷良等）提出了把企业财务分解为出资者（所有者）财务和经营者财务的理论。谢志华认为：两权分离条件下的出资者与管理者的关系，实质上是财务关系；不仅经营者要进行财务管理，出资者也要进行财务管理，从而分别形成出资者财务和管

[①] 郭复初. 财务理论研究与发展 [J]. 会计研究，1996（2）.
[②] 干胜道. 试论创建所有者财务学 [J]. 财经科学，1997（6）.

理者财务；出资者财务管理的实质问题是出资者对经营者财务行为的约束，以确保其资本的安全和增值。① 汤谷良认为：法人财产权概念的提出，使原有集所有者、管理者、财务人员职能于一身的财务管理体制，发展成为所有者、管理者、财务人员分工协作的"分层"财务管理体制。② 由于所有者财务和经营者财务的财务主体、所依据的产权概念、财务目标、财务对象内容、管理职能等都有所不同，因此，企业财务机制的构建必须结合所有者财务和经营者财务各自的特点进行，即应当分别构建所有者财务机制和经营者财务机制。研究国家作为出资者对国有企业的财务管理当然应属于国有企业构建所有者财务机制的范畴，因此应适当借鉴所有者财务管理理论的研究成果。

值得注意的是，目前有一种观点认为，在现代企业制度条件下，由于企业法人制度的确立，所有者财务只是一种监控机制，而不是一种决策机制。如果这种观点成立，则意味着研究财务决策机制和激励机制对所有者财务是没有意义的。我们认为，这种观点欠妥。诚如前述，任何一项完善的企业制度都应该是决策机制、激励机制和监督与约束机制三者的有机结合体，将其中任何一部分单独割裂开来都是毫无意义的。另外，从所有者财务管理的内容来看，其有权决定公司的经营方针和投资、合并、分立等计划，有权决定公司增资、举债等重大筹资活动，有权决定公司利润的分配方案，有权选聘经营者、考核其业绩并决定其报酬等，并通过这些活动实现对经营者的财务活动进行财务约束，从而达到资本保值增值的目标。显然，从所有者财务管理的这些内容来看，所有者的财务管理同样离不开财务决策机制和激励机制。那种认为所有者财务只是一种监控机制的观点实质上是对所有者财务管理的目的和内容的混淆。

四、国家作为出资者如何加强对国有企业的财务管理

十五届四中全会决定指出："要积极探索国有资产管理的有效形式，要按照国家所有、分级管理、授权经营、分工监督的原则，逐步建立国有资产管理、监督、营运体系和机制，建立与健全严格的责任制度。"

由于目前我国国有企业数量众多，国家作为出资者不可能直接面对每一个国有企业进行管理，必须按照十五届四中全会确定的建立国有资产的授权经营

---

① 谢志华. 出资者财务论 [J]. 会计研究，1997（5）：25.
② 汤谷良. 经营者财务论——兼论现代企业财务分层管理架构 [J]. 会计研究，1997（5）：21.

制度，促使国有资本出资者职能到位，解决多年来国有资本所有者缺位的问题。为此，在作为国有企业终级出资者的国家和国有企业之间应当设立"中间出资者"，让"中间出资者"直接行使对国有企业的所有者职能，通过资本经营实现国有资本的保值、增值。国家作为终级出资者只对"中间出资者"资本经营和实现国有资本保值、增值的情况进行监管，不再直接干预国有企业经营和自主理财。因此，国家作为出资者对国有企业的财务管理也应分为两个层次：国家作为终级出资者对"中间出资者"的财务管理和"中间出资者"对国有企业的财务管理。

在这里，作为"中间出资者"具有双重身份，相对于终级出资者的国家来说，它们是受托（授权）经营者，负有经营者的义务；相对于国有企业来说，它们又是出资者，行使着出资者的职能。而作为出资者和作为经营者其职能是有区别的。作为出资者其主要职能是决策、激励、约束和监督，以间接管理为主，而作为经营者其主要职能则是计划、组织、协调和控制，以直接管理为主。因此，国家作为出资者对国有企业的财务管理与经营者的财务管理（包括"中间出资者"作为经营者的财务管理和国有企业作为经营者的财务管理两个方面）又有非常密切的联系，因为它们分别是以终级出资者和中间出资者为主体的所有者财务管理的对象。从这一意义上讲，上述两个层次的出资者其财务管理的对象和内容是有区别的。

尽管不同层次的出资者其财务管理的对象和内容有差异，但作为出资者，它们的财务管理目标却是相同的，均以实现资本保值和最大限度的增值为目标。因此，其财务管理的方法也是基本相同的。本书认为，国家作为出资者对国有企业的财务管理，应从以下几方面着手：

1. 建立科学的出资者参与重大财务决策的机制

出资者将资本经营权授予代理人，是以保留选择经营者、收益分配、重大决策三项权利为条件的。如何保障出资者的这些权力得以正确实施，必须依靠建立科学的出资者参与重大财务决策的机制。

在重大财务决策问题上，目前仍然存在着一些政资不分的现象，例如：国有大型企业的重大基建投资决策要由国家计委批准，重大技术改造项目要由国家经贸委批准等。用行政手段去管理企业和运营资本，必然会造成新的政企不分。因此，应将这些决策权力归还给行使出资者权力的国有资本管理机构和国有资本投资主体。

出资者参与重大财务决策的机制，应当明确以下内容：①应由出资者审批决定的重大投资、筹资方案、资本转让、资产重组及重大资产处置事项、收益分配办法等重大财务决策的标准和范围；②重大财务决策的程序和方式，包括产权代表的委派和其表决权的行使方式、重大财务决策的审批程序和议事方式；③重大财务决策的信息报告制度和信息反馈制度等。

关于国有控股公司层次财务决策机制，我们认为可以建立以国有控股公司董事会（或董事局，下同）、总裁（或经理，下同）和业务部门为决策主体的财务决策体系。董事会作为国有控股公司的决策中心，主要负责整个控股公司的财务战略决策和重大资本运营活动的决策，总裁则负责控股公司日常资本运营活动的决策以及根据法律或公司章程应由控股公司行使的对所属企业重大财务活动的决策权，各业务部门一方面参与控股公司本部日常财务决策，另一方面则对所属企业董事会的决策事项确定决策意见，并通过向所属企业委派的产权代表，行使所属企业董事会上的表决权。

国有控股公司董事会对国有资本管理机构负责，应当在公司的战略决策中发挥"领航人"的作用，行使财务战略制订和公司重大财务事项的决策权，具体包括：①制订公司的中、长期发展规划和重大项目的投资方案，报国有资本管理机构批准后实施；②制订公司年度财务预算方案、收益分配及亏损弥补方案，报国有资本管理机构批准后实施；③审议制订公司增减注册资本、发行债券和"公司章程"的修改方案，报国有资本管理机构批准后实施；④决定年度投资计划、年度国有资产运营计划、收益计划和审计工作计划；⑤决定收购、兼并其他企业和转让下属企业产权的方案；⑥决定公司年度借款总额，决定对下属企业的贷款年度担保总额度；⑦决定董事会向董事长、总裁和下属企业授权的事项；⑧决定公司总裁、副总裁及董事的报酬和支付方式；⑨决定设立相应的董事会工作机构，决定公司的基本管理制度等。国有资本管理机构除对上述前三类财务事项直接行使决定权外，其他财务事项都通过其委派到国有控股公司的产权代表（一般担任国有控股公司的董事长）行使表决权。

国有控股公司的总裁对董事会负责，组织实施董事会决议，全面主持公司的日常经营管理工作。如果说董事会的决策主要是关于控股公司的整体战略部署的话，则总裁的决策内容主要是有关战略实施的决策，并更多的与所属企业直接相关。总裁主要行使以下职权：①组织实施董事会的决议，全面主持公司的日常运营和管理工作；②拟订公司中、长期发展规划、年度运营计划和收益运用计划，公司年度财务预决算方案、弥补亏损方案；③拟订公司增加或减少注册资本和发行公司债券的建议方案；④拟订公司内部管理机构设置方案；⑤拟订公司的规章制度；⑥提请董事会聘任或解聘公司财务负责人；决定公司其他各职能部门负责人的任免；决定公司本部工作人员的聘用、薪酬、奖惩与辞退；⑦审定下属企业中长期发展规划、年度经营计划和重大投资等事项；⑧在董事会授权的额度内决定公司投资、贷款、对下属企业担保等事项，决定公司法人财产的处置和固定资产的购置，审批公司财务支出；⑨根据董事长授权，代表公司签署各种合同和协议；签发日常行政、业务等文件。

与财务决策有密切关系的国有控股公司业务管理部门主要有计财部、企业管理部、资产经营部、投资发展部等，其在各自分工负责的范围内为总裁的决策提供决策信息和咨询，并负责受理所属企业重大财务活动的决策申请，对属于应由所属企业股东会决策的事项，将所属企业的申请和本部门的初审意见一同转交总裁，由总裁确定决策意见；对属于应由所属企业董事会决策的事项，则由业务管理部门直接确定决策意见，并及时将决策意见以书面批复形式通知产权代表。

在建立国有控股公司参与国有企业重大财务决策机制的基础上，还应督促国有企业经营者建立健全经营者财务管理的财务决策机制，从而使国有企业的财务决策机制能够高效、合理地运行。

2. 建立与财务决策机制相适应的激励机制

激励机制的产生根源于决策目标的差异。不同层次、不同类型的财务决策，对财务目标可能产生不同的影响。因此，对高层经营管理人员的激励机制的设计首先应与决策机制相适应，使激励机制真正实现控制权（决策权）和剩余分配权的合理匹配。

构建对国有企业高层经营管理人员的激励机制，不仅要考虑对直接从事生产经营活动的国有企业的高层经营管理人员如何激励，而且要进一步研究对从事资本运营活动的国有控股公司的高层经营管理人员如何激励，要彻底改变目前存在的对国有控股公司的高层经营管理人员的行政管理色彩，要把国有控股公司的高层经营管理人员塑造成为真正的企业家。由于作为"中间出资人"的国有控股公司经营者的财务决策和直接从事生产经营运作的国有企业经营者的财务决策在决策内容、涉及的风险以及对财务目标的影响程度都有较大的差异，因此，国有资本管理机构在设计对国有控股公司层次的高层经营管理者的激励机制时，就不能照搬国有控股公司设计的对国有企业经营管理者的激励机制。

同样的，对高层经营管理者中拥有决策控制权的董事长的激励政策与拥有决策执行权的总经理的激励政策也应当有所区别。

我们的总体设想是，激励机制应区分长期激励和短期激励，长期激励与决定企业长远利益的长远决策相匹配，短期激励则与决定企业近期利益的短期决策相匹配。长期激励主要采取股权、期权、远期支付、养老金计划等激励形式，而短期激励主要采取奖金、职位消费等形式。按照这一设想，对国有控股公司层次的经营者应以长期激励为主，而对国有企业层次的经营者则以短期激励为主；在属于同一层次的高层经营管理人员中，对负有决策控制权的经营者（如董事局主席、董事长）的激励应比对负有决策执行权的管理者（如控股公司的总裁、国有企业的总经理）的激励更多地运用长期激励。

具体来说，对于国有企业高层经营管理人员应实行多元报酬结构的年薪制度改革，其报酬由多种不同性质的部分组成，一部分是固定的基薪收入，另一部分是与经营业绩相关的风险收入，这部分收入再分为当期收入（以现金支付的奖金、以现金或实物支付的职位消费）和远期收入。远期收入主要采取延期支付的形式，即高层经营管理人员的报酬实际支付期在考核期之后的若干年内一次或分期支付。同时在报酬契约中约定，若发现被激励人因失职而有损企业的利益，则可以拒付尚未支付的部分。这种带有拒付可能的延期支付方式可以激励高层经营管理做出符合企业长远利益的决策，有效地避免即期支付引发的经营者行为短期化倾向。

3. 建立对经营者财务预算、决算的审批制度，硬化财务预算约束

在建立了科学的财务决策机制和相适应的激励机制的前提下，应当建立对经营者财务预算、决算的审批制度，包括：审批经营者的中长期财务战略和目标规划，审批年度财务预决算和年度财务报告，硬化财务预算约束，把财务管理的目标分解落实到财务预算当中，并建立以资本保值增值为核心的财务评价指标体系，制订对经营者考评的原则、方法，使激励机制的作用得到充分发挥。

4. 建立有效的出资者财务监督与约束机制

有关这一内容，将在第七部分再行论述。

当然，作为"中间出资者"的出资者对国有资本参股企业进行管理时，只能按《中华人民共和国公司法》的规定，"中间出资者"只能通过股东会或董事会的表决权参与上述管理。

五、国家出资者对国有企业的管理要以财务管理为中心

（一）国家出资者对国有企业管理的内容

根据有关法律，财产所有权保证出资者享有选择经营者、参与企业重大经营决策、监督经营者和分享资本收益的权利。因此，国家作为出资者对国有企业的管理主要包括四个方面的内容。一是选聘国有企业经营管理者，对重要的经营管理人员进行任免；二是参与国有企业经营者的重大经营决策；三是对国有企业经营者的经营进行监督和考核评价；四是制订或参与制订利润分配方案，收取应分享的国有资本收益。

值得注意的是，尽管我们现在正按照"国家所有、分级管理、授权经营、分工监督"的原则着手对国有资产管理体制进行改革，初步建立了国有资本的分级管理机构，但国家作为出资者对国有企业应享有的上述四项权力并没有真正到位，有关权力现在仍然不同程度地被政府有关部门所掌握，政资不分的现象依然存在。例如：重大基建投资决策的权力在国家计委，重大技术改造项目要由国家经贸委批准，许多大型企业、集团的负责人要由组织部门（大型企业工委）、人事部门任免，国有资本收益由财政部门直接收取，财政部门、国家审计部门等对国有企业行政监督与国家作为出资者对国有企业的监督混淆不清等。这种政资不分的问题是国家出资者对国有企业管理方式改革的一大障碍。深化改革，应当尽快将应由国家出资者享有的权利归还给各级国有资本管理机构，同时，让各级国有资本管理机构切实承担其作为出资者应负的责任和义务。

（二）为什么国家出资者对国有企业的管理要以财务管理为中心

1. 是实现政资职能分离、实现国家出资者管理目标的需要

如前所述，国家作为出资者与国家作为社会管理者和宏观经济调控者对国有企业的管理有明显的区别，体现在管理目标上，国家出资者管理国有企业的目标应当是确保国有资本的保值和增值。在这一点上，它与私人出资者对企业管理的目标应当没有区别，这一目标也正是出资者财务管理的目标。至于国家拟通过国有企业实现的其他目标，则属于国家作为社会管理者和宏观经济调控者对国有企业管理的范畴，这些目标应通过立法、运用价格杠杆、财政补贴等手段去实现。而要实现国家出资者对国有企业管理的目标，则主要靠运用财务

管理的手段和方法，包括：

（1）正确进行国有资本的投资决策，合理确定国有资本的投向，对国有资本的投入、退出、转让进行决策；

（2）对国有企业经营者通过审批财务预算、制订业绩评价指标及奖惩制度实行对经营者的激励；

（3）审批国有企业经营者的财务决算，对国有资本收益分配事项进行财务决策；

（4）对国有企业经营者财务活动进行财务监督。

除此以外，国家出资者对国有企业管理以财务管理为中心还有助于财政行政管理与国家出资者财务管理职能的分离，做到各司其职、各负其责，彻底改变目前国有资产管理体制中存在的政资不分的现象。

2. 是实现政企分开、两权分离和建立现代企业制度的需要

我国传统的国有企业制度是一种国家高度集权体制下的行政管制性的企业制度。其特点是：政府按照政资合一的原则直接管理，从生产经营计划、原材料、设备、劳动、工资，到产品价格、销售，都要报政府审查批准，企业基本上没有财务自主权。政企分开、两权分离是建立社会主义市场经济体制和现代企业制度的迫切要求。政企分开首先要政资分开，要实现政资分开，就需要建立国家出资者对国有企业管理以财务管理为中心的新体制，这一点在前面已经做了论证。

而要实现两权分离，必须有两个基本前提：一是收益性前提，即受托经营者能带来比出资者自身经营更高的资本报酬率。收益性前提的建立与激励机制有关，这本身就是财务管理的内容；二是约束性前提，即出资者能确保经营者对资本的忠诚，以保证资本安全。两权分离并不意味着经营者可以不受任何约束，恰恰相反，出资人对经营者的活动应保留最终控制权，这种控制权包括选举董事、监事、重大决策批准权、监督权等。出资人行使上述权力的目的是为了确保其资本的保值和增值，其管理的对象是所投出的资本，管理的核心是建立财务监管和约束机制。由此可见，国家出资者对国有企业管理以财务管理为中心也是实现政企分开、两权分离和建立现代企业制度的需要。

3. 有利于实行国有企业的所有权和经营权的分离，真正做到使企业自主经营、自负盈亏，实现国有资本的保值和增值

在明确出资人前提下，建立国家出资者对国有企业管理以财务管理为中心

的管理体制，有利于通过适当的制度安排和必要的监控措施，在调动经营者积极性的同时，切实加强出资者对经营者的财务活动和行为的约束和监督，改变目前对经营者软约束的局面，并为理顺经济监督体系、完善经济监督机制提供了重要的前提。

（三）国家出资者对国有企业财务管理的主要内容

主要应从以下几方面着手：

（1）明确国有资本保值增值目标，硬化财务预算约束。

（2）建立以资本保值增值为核心的财务评价指标体系，制订对经营者考评的原则、方法和相应的奖惩制度。

（3）建立有效的出资者财务监督机制，包括委派监事（财务监察，见后文）、委托社会审计部门进行审计等方式。

（4）建立对经营者重大财务活动和财务预算、决算的审批制度，包括：审批经营者的中长期财务战略和目标规划，审批年度财务预决算和年度财务报告，审批决定重大投资、筹资方案，审批资本转让、资产重组及重大资产处置事项，决定收益分配办法等。

当然，作为中间出资人——国有资本投资主体对国有资本参股企业进行管理时，只能按《中华人民共和国公司法》（以下简称《公司法》）的规定，通过股东会或董事会的表决权参与上述管理。

值得注意的是，国家出资者对国有企业的管理特别是国家作为终级出资者对中间出资人——国有资本投资主体的管理应与国家财政管理区分开来。当成立了国有资本管理委员会专司国有资本出资者管理职能后，国家财政部门对国有企业的管理应转向宏观调控，包括：根据国家产业政策和国民经济发展战略，决定国有资本的整体布局、结构和领域；负责提出政府公共预算中与国有资本金经营有关的预算数字，主要是国有企业上缴税收、资本收益及其他财政性收入的预算和由财政向国有企业拨付补贴、向国有企业投资等财政支出的预算；制定对国有企业财政监督的法规和规章等。

六、深圳市国有控股公司对国有企业财务管理的案例

1. 深圳市的国有资本管理体制

深圳市对国有企业财务管理的经验为探讨国家作为出资者如何加强对国有

企业的财务管理提供了很好的素材。深圳市实行的是"国有资产管理委员会（国资办）——国有控股公司——国有企业"三个层次的国有资产管理体制。①其中，国资委作为国有资产管理的最高决策机构，其职能是代表国家行使其管理国有资产的终级所有权，并授权和委托国有控股公司（控股公司，下同）行使国有资产产权经营及投资职能，对国有控股公司确定国有资产保值、增值指标，并负责对国有控股公司的投资经营活动进行监督、考核和奖励，依照法定程序决定任免国有控股公司的领导人。各国有控股公司处于中间层次，作为国资委授权的国有资产运营机构，其基本职能是"投资、管理、监督、服务"。深圳市的国有控股公司共有三家，即：深圳市投资管理公司、深圳市建设投资控股公司和深圳市商贸投资控股公司，并由这三家国有控股公司作为"中间出资者"对全部市属国有企业进行管理。国有全资企业和国有资本控股和参股的企业处于第三个层次，拥有法人财产权。它们直接从事商品生产和经营，参与市场竞争，直接负有实现国有资本保值增值的重任。

这种三层次的国有资本管理体制，在上层实现了政府的社会经济管理职能与资本所有者职能的分开；在中间层次实现了国有资本管理与国有资本经营职能的分开；在下层实现了国家终极所有权与企业法人财产权的分开，明确了企业的法人财产权，促进了企业自主经营、自负盈亏机制的建立，也为改革国家对国有企业财务管理的方式提供了良好的制度环境。

2. 深圳市国有控股公司对国有企业的财务管理

在上述三个层次的国有资产管理体制中，国有控股公司这一中间层次十分重要。它作为政府授权投资机构，在政府与国有企业之间架起一"隔离带"，缓冲政府对企业的行政干预，达到实现政企分开的目的。它代表市政府对授权范围内的国有资产行使出资者的权力，以产权为纽带，加强对所属企业的财务管理和监督，但不直接干预企业的生产经营活动。各控股公司对所属国有企业的管理主要有以下几个方面：

（1）取消国有企业的行政级别，按经营规模、效益水平对国有企业进行分类定级，对企业领导人及其待遇实行分类管理方式。

（2）按行业类别和效益特点，实行分类统一的利润收缴办法。

（3）按照"党管干部"与《公司法》相衔接、管人与管资产（本）相结合

---

① 深圳市市属企业国有资产管理办公室. 深圳国有资产管理体制及其运营机制［C］//深圳市国有资产管理与经营政策法规汇编，1995.

的原则，行使选择经营者的权力。

（4）通过向所属企业委派产权代表，由产权代表进入董事会表达意见，体现出资者的意志。

（5）对于企业重大人事变动和规定数额以上的投资项目以及贷款担保、产权变动、利润分配方案等对国有资本有重大影响的事项，实行产权代表的重大事项报告制度。

（6）明确产权代表的权利和责任，制订产权代表的报酬和考核奖惩办法。

各控股公司制订由销售收入、利润总额、国有净利润、国有净资产、应交利润（应交利润完成率）、三年以上应收款下降率、资产负债率、二级公司亏损面及亏损额等八项指标组成的企业经营业绩考核的指标体系。

（7）实行财务总监委派制度，加强对国有企业的财务监管。

3. 深圳市推行财务总监委派制的具体做法

深圳市委派财务总监的做法始于 1994 年。针对当时国有企业内部监督机制不完善特别是财务监督相当薄弱，以致发生几起老总携款外逃事件的现实，深圳市投资管理公司在全国范围内公开招聘财务总监，最后从 600 多名报名者中选聘了 6 人，委派到 6 家企业，由此拉开了深圳市委派财务总监的序幕，在全国也是开了先河。[①] 1995 年 9 月，深圳市国有资产管理委员会发布了《深圳市属国有企业财务总监管理暂行办法》，并实行重大事项由财务总监和经理联签的制度。1996 年，深圳市投资管理公司又在全国范围内公开招聘财务总监，并从 300 多名应聘者中选择了 15 名委派到所属企业作财务总监。

经过几年的实践和总结，深圳市国资委 2000 年 3 月颁发了新的《深圳市属国有企业财务总监管理办法》。规定："财务总监按法定程序进入企业董事会，对企业董事会和控股公司负双重责任，并在企业董事会的领导和控股公司的指导下开展工作"；"财务总监行使下列职权：（一）参加董事会会议，参与表决和决策。列席经营班子会议，并提出财务管理和财务运作方面的意见和建议；（二）对规定事项与总经理进行联审联签；（三）参与制订企业财务管理方面的规章制度，监督检查企业财务运作和资金收支情况；（四）参与拟定企业的年度财务预、决算方案以及利润分配方案和弥补亏损方案；（五）参与审查企业重大投资项目的可行性，并独立向企业董事会和控股公司提出书面意见，作为董事

---

① 凌翔，胡长青. 漫谈财务总监委派制 [J]. 特区财会，2000（3）：7.

会和控股公司决策的重要参考依据；（六）监督检查企业年度财务计划的实施；（七）参与决定企业银行账户的开立，并有否决权；（八）每半年向控股公司提交企业资产状况、效益情况和财务状况的评价报告。对企业财务方面出现的重大问题以及其他规定必须报告的事项应随时报告。"

4. 财务总监委派制度需要解决的主要问题

目前，深圳市推行的财务总监委派制所委派的财务总监作为董事会成员，并在董事会的领导下和控股公司的指导下开展工作，使财务总监变成双重身份。这种组织形式难以真正发挥出资者对经营者的监督作用，原因有二：①财务总监既要组织日常财务和会计活动，参与重大经营、财务活动计划、方案的制订，并对决策失误造成的损失及上报的财务报告的真实性承担责任，又要对这些事项进行监督，在很大程度上，他既是监督者，又是被监督者，未能实现监督者与被监督者的有效分离，就如同过去我们在法律中赋予会计人员"双重身份"一样；②财务总监受董事会领导，无形中把董事会排除出受监督之列。而公司的董事会特别是按《公司法》规定可以行使部分股东会职权的国有独资公司的董事会如果不受监督，只对按董事会确定的经营方案进行日常管理的经理进行监督，其效果会如何呢？[①]

深圳市的财务总监制度在加强出资者对国有企业财务监督方面发挥了重要的作用，目前，这种制度已在全国许多地方得以推广。但是，目前实行的财务总监制度，财务总监既有监督职能，又有决策职能，并且财务总监要受董事会的领导，而目前国有企业的董事会成员通常都是经营班子的成员，这在一定程度上又影响了财务总监监督作用的发挥。因此，对财务总监合理定位是完善财务总监制度、规范国家作为出资者对国有企业财务监督机制需要解决的一个重要问题。

七、规范国家作为出资者对国有企业财务监督体制

长期以来，由于国有企业所有者主体的缺位，从而未能建立起国家作为出资者对国有企业的有效约束和监督机制，导致在部分国有企业中出现了"内部人控制"现象，国家作为出资者的意志和利益被架空，会计信息严重失真、国

---

① 中南财经政法大学课题组. 关于国有控股公司财务管理模式的调查 [J]. 经济研究参考，2000：81.

有资本流失现象严重。围绕着国有企业的财务监督问题，中央及地方均进行了许多有益的尝试和探索，创建了种种监督形式，如：会计委派制、财务总监委派制、稽察特派员制、中央企业财政驻厂员制度、财政监察专员制度，以及国家审计和社会审计、财经纪律大检查等。这些做法在一定程度上强化了财务监督、遏制了国有资本的流失，也在一定程度上提高了会计信息质量，遏制了假账的泛滥，取得了一些成效。但同时也应看到，不论是在理论上，还是在操作中，这些财务监督形式都还有许多不足和缺陷，值得我们深入探讨和去完善。

按照现代企业理论，企业的本质是一系列契约合同的组合，并以出资人和经营者之间的委托代理契约为核心。会计行为则是以这种契约合同双方形成的责任关系为纽带，不断地对受托方履行和完成受托责任的过程和结果进行确认、计量和报告。从这个意义上讲，会计是直接服务于受托人，通过受托人呈报给委托人有关会计信息而间接服务于委托人。

由于作为委托人的出资人与作为受托人的经营者在受托责任信息的获取方面处于不对称的状态，为了防止经营者操纵会计行为以提供虚假信息，委托人采取各种方式加强对受托责任信息的监督、鉴证是非常必要的。现代企业制度蕴含的精髓就是所有权对经营权的有效监督。这种监督是在所有权和经营权之间的一种权力制衡。但是如果为了加强监督将本应受经营者领导的企业会计行为改为直接由出资者控制，这种权力制衡的格局就会被破坏，这不仅不符合建立现代企业制度的要求，而且将使被考核的经营者处于被动、孤立的地位，势必挫伤经营者的积极性。

我们认为，构造国家作为出资者对国有企业财务监督的新体制，必须按照建立现代企业制度和规范的法人治理结构的要求，正确处理好由谁委派监督者、委派谁监督、委派的监督者监督什么及如何监督等问题。在监督方式上，国家作为出资者对国有企业的财务监督应当采取经常性监督和定期监督相结合的方式。国家作为出资者对国有企业的财务监督可采取委派制，但对委派的人员身份、职能及监督形式必须重新做出安排。这种委派制度可称为"财务监事委派制"。与前述的国家作为出资者对国有企业管理的两个层次相对应，国家作为出资者对国有企业的财务监督体制也应划分为两个层次。具体来说就是：①代表国家行使国有资本终级所有权的部门向其授权的"中间出资者"——各资产经营公司或国有控股公司委派财务监事。②"中间出资者"作为国有独资企业和国有资本控股企业的控股股东并以股东大会的名义向国有企业委派财务监事；

至于国有资本参股企业，"中间出资者"只能通过在股东大会上行使表决权来表达自己的意志。不论是哪一层次委派的财务监事，都应作为被监督企业监事会的主要成员；财务监事的报酬由委派部门决定；其职责是对被监督企业董事会所做出的各项重大经营、财务决策的合法性和合理性进行监督，对经理执行董事会决议的情况进行监督，并有权对董事会、经理做出的损害公司及出资者利益的行为给予纠正；财务监事可以列席董事会会议，但不具有表决权。这样委派的财务监事完全是代表出资者的利益行使监督权，不参与经营决策。

国家作为出资者对国有企业定期的财务监督则主要采取委托社会审计机构或国家审计进行审计的形式。稽察特派员、财政监察专员的监督则应在不断强化国家审计、社会审计和理顺公司治理结构的基础上逐渐取消，或将其委派到国有企业监事会中，专门行使财务与会计监督职能，以避免外部监督机构庞杂和重复监督，减少不必要的监督成本。

第三章 国有企业的财务决策机制

企业财务机制与企业制度密切相关。经济体制改革以来,国有企业财务机制发生了很大的变化。特别是推行建立现代企业制度的改革之后,国有企业财务机制的建设和改革得到了前所未有的重视,并取得了一系列重要的突破。但是,至此就说国有企业已经建立起与现代企业制度相适应的财务机制为时尚早。特别是在建立现代企业制度的改革过程中,由于片面强调激励机制和约束监督机制的建设和改革,反而把企业制度中最根本、最核心的决策机制给忽视了,这不能不说是我们改革中的一大失误。对国有企业财务机制的建设和改革来说,财务决策机制的建设和改革恐怕是最落后的,尚有很多问题值得探讨。

一、现代企业制度与企业财务决策机制

在明确提出将建立现代企业制度作为企业改革的目标之前,我国国有企业的改革,先后经历了企业基金制度、利润留成和盈亏包干制度、两步利改税、承包经营责任制等几个阶段,它们的共同缺陷在于都是在传统国有产权构架不变的前提下让渡一部分经营权,而不是企业财产权结构的重组和产权制度的创新,即改革未深入触及企业制度的核心内容——产权制度。实践证明,这些改革要么是难以实现"两权"真正分开,企业经营自主权不能得到充分发挥,无法有效地激励起企业经营者的积极性,要么是企业所有者的所有权虚置,难以形成有效地监督、约束经营者的机制,使"内部人控制"现象失控,所有者权益遭受不应有的损失。

经过多年漫长而艰难的改革探索,我们终于找到了解决问题的钥匙。党的十四届三中全会通过的《中共中央关于建立社会主义市场经济体制若干问题的决定》,明确指出企业改革的目标是建立现代企业制度,其基本特征是"产权清晰,权责明确,政企分开,管理科学"。要建立现代企业制度,关键就是对企业

的产权制度进行改革。

现代市场经济中的"两权分离"是财产权结构的一次重大调整和创新,是原来完整意义上的财产所有权结构的裂变,即裂变为两个方面的权利,一个是财产终级所有权,一个是法人财产权,从而使产权主体由原来单一的原始产权主体变为原始的出资者和企业法人两个对等的法律主体。对国有企业来说,"两权分离"意味着在明确企业中的国有资产的所有权属于国家的前提下,使企业拥有包括国家在内的出资者投资形成的全部法人财产权,成为享有民事权利,承担民事责任的法人实体。经营权与所有权分离以后,应当如何安排财产所有权?如何将支配使用权、收益权、处置权在所有者、经营者之间划分与界定?如何使各种主体各司其职、各负其责、各得其益,从而一方面保障所有者的权益,另一方面,又有效地激励和约束拥有财产实际支配使用权的经营者?这些问题的答案就是我们所说的现代企业制度或现代企业治理结构,其主要涉及三个方面的问题:企业控制权的配置和行使;对董事会、经理和职工的监控以及对他们工作绩效的评价;激励机制的设计和推行(刘诗白,1998)。

在现代企业制度涉及的三方面问题中,不同的控制权配置方式决定了不同的决策机制,它取决于对财产终级所有权和法人财产权权利的具体安排。在现实的公司中,这种制度安排或决策机制表现为股东大会、董事会、经理人员和监事会之间的权力的分配和相互制衡关系,构成了所谓的公司或法人治理结构的核心内容。这种机制既表现为诸如《公司法》之类的通用的法律机制,也表现为公司章程、内部管理制度等各个公司相互不同的内部经营管理机制。激励机制和监督约束机制的设计和运行则是建立在一定的决策机制基础上的,没有一定的决策机制,任何激励机制和监督约束机制都将是空中楼阁。

目前,关于建立现代企业制度,许多人只是提建立健全企业的激励机制和监督与约束机制,而忽视了建立健全企业的决策机制这一前提。我们认为,这种提法值得研究。从本质上看,对企业高层经理人员控制权的激励约束机制首先是一种动态调整职业企业家控制权的决策机制,决策的内容是是否授予控制权、授予谁和授权后如何制约,决策的结果在很大程度上影响着高层经理的产生、高层经理的努力程度和行为。激励机制和监督与约束机制则是从这种决策机制中派生出来的,不能认为只要建立健全了激励机制和监督与约束机制,决策机制就没有必要存在了。事实上,决策机制是企业制度中最基本的的内容,激励机制和监督与约束机制则是为了使决策机制更为有效地发挥作用而建立的。

与建立现代企业制度的改革一样，国有企业财务机制的改革，也不外乎财务决策机制、财务激励机制和财务监督约束机制三方面的改革内容。但对于年薪制、经营者持股计划、股票期权、会计委派制、财务总监制度等财务激励、财务监督约束机制已让我们耳熟能详，唯独对于国有企业应当如何进行财务决策的问题，相关的研究成果却不多，这种状况已经在一定程度上制约了国有企业财务机制的建设和改革。因此，对国有企业财务决策机制进行研究和改革，不仅是建立与现代企业制度相适应的国有企业财务机制的必经之路，而且对于深化国有企业财务机制的改革具有特别重要的现实意义。

二、财务决策机制的影响因素

任何决策都会有外部性，财务决策也不例外。财务决策机制不仅会直接影响财务决策的效率，而且会对企业各种财务主体之间的利益关系（或财务关系）产生影响。既然财务决策机制对各种财务主体的利益关系会产生影响，那么，各种财务主体对财务决策机制的安排就不会无动于衷，他们会为此而展开充分的博弈，从而达成一种关于财务决策机制的契约。因此，影响财务机制的因素不外乎两大方面，一是财务环境，它包括涉及多少财务主体、这些财务主体的既得利益关系怎样、这些主体参与决策的机会成本以及他们所在的企业的文化和其他非正式制度环境因素等。二是各财务主体的谈判力。这里的谈判力可以理解为财务主体拥有的财务和知识。杨瑞龙、周业安指出，在缔结合约过程中的当事人是地位平等的，其行为是自愿的，但法律并不规定当事人谈判力必须平等，它造成了谈判过程中当事人之间的外在差异，而这一外在差异又会制约当事人的策略选择。具体来看，影响财务决策机制的因素主要有以下几个方面：

1. 财务主体的类别、结构及层级关系

不同的财务主体有着不同的经济利益要求，因此，他们要求实现的财务目标是不一样的。决策目标不同意味着不同财务主体的决策评价标准不同，因此，财务主体的类别越多，不同类别财务主体的财务目标之间差异越大，为在他们之间达成财务契约而需要的财务决策机制就会越复杂。

另外，每一个企业，不同类别的财务主体之间结合的具体方式可能有所不同，因而导致不同的企业具有不同组织结构和层级结构。虽然这种不同的组织结构和层级结构是企业过去财务决策机制的产物，但却是企业财务决策机制创新的基础。因此，每个企业在制订其财务决策机制时都必须考虑本企业组织结构和层级结构的现状，切忌不顾自己的实际情况，照搬其他企业的做法。

不同的组织和层级结构对财务决策机制的影响，主要是通过影响财务契约的内容和获取签订契约所需信息的方式及成本来影响财务决策机制。例如，对于职工占多数的董事会，其财务决策内容会更多地偏向涉及职工利益的决策事项。同样，高层经营者可能拥有战略决策方面的信息优势，而一个基层的财务主体就不具备这种优势。从提高决策效率和正确性的角度来看，好的决策机制应该是决策权配置与决策信息分配最大对应的机制。

2. 企业文化

企业财务决策机制与文化也有密切的联系。文化中内含权力的分配以及人们的权力观念，这种权力观念直接影响企业财务决策机制的建立。一般情况是：在追求权利平等分配的小权力距文化背景下的国家，企业整体财务控制权集中而内部财务控制权安排较为分散，如英美国家等；而在权利不平等分配的大权力距文化背景下的国家，企业整体财务控制权分散而内部财务控制权安排较为集中，如日本、德国等。文化对财务决策机制的影响还体现在决策风格（是群体参与还是个人专断）以及决策者愿意承担的风险程度等方面。

中国企业由于受大权力距离的传统家族文化的影响，企业整体财务控制权较为分散，外部利益相关者特别是政府分享了较多的企业财务决策与控制权，在国有企业中这种现象更为普遍（李心合，2000）。与此同时，中国企业内部财务控制权的安排却是高度集中的，不仅在未进行公司制改造的企业中是这样，而且在公司制企业中这种现象也非常普遍。虽然大多数公司制企业都按公司法的要求建立了法人治理结构，但这种法人治理结构与规范的法人治理结构还有较大差距。"内部人控制"现象的存在，使公司制企业的内部财务决策与控制权呈现出向经营管理者集中的倾向，董事长兼任总经理等做法更加剧了这种财务决策机制的集权程度。

3. 财务环境

财务环境是另一个影响财务决策机制的重要因素，特别是对财务决策的程序、方法和决策信息的传递程序有直接的影响。

财务环境有一般财务环境和具体财务环境之分。具体财务环境对企业财务目标的实现有直接的影响，因此在财务决策中必须给予特别重视。每个财务主体的财务管理都是一个与其具体财务环境相互作用、相互依存的系统，而且要随时关注其一般财务环境的潜在作用。良好的财务决策机制对财务环境的变化应当具有较强的适应能力。为此，必须具备迅速捕捉企业财务环境变化信息的能力，并能对这些信息正确地进行分析和判断，以及时调整企业的财务决策。

三、财务决策机制构造的基本方法

虽然对不同的决策问题，其财务决策机制的具体构造也会不同，但是任何一种财务决策机制实质上都是解决三方面的问题：①决策主体是谁？即由谁，是一个人，还是一个群体来做出决策。决策主体就是解决财务决策权力在财务主体之间的配置问题。②决策客体是什么？即对特定的财务主体来说，其分工决策的具体决策问题是什么？是负责重大决策？还是负责一般决策？是负责一项决策的全部？还是只负责该项决策的一部分？事实上，这是财务决策责任在财务主体之间的分配问题。前两个方面往往是结合在一起进行考虑的，解决的是财务决策的分工问题。③如何决策？即在什么时候、以什么作为依据、采用什么方法进行决策。这实质上是财务决策的程序问题。

1. 财务决策分工的基本方法

概括地看，以谁作为某项财务决策的决策主体，好像非常简单，当然是财务主体。但实际却并非如此简单。一方面是由于每一个财务决策其实对所有财务主体的利益都会产生影响，只是影响的程度不同而已，但我们不可能让所有的财务主体直接参与每一项财务决策，因为那样的话，财务决策机制将会极其复杂，运行成本极其高昂，实际无法做到；另一方面的问题是，既然不可能让所有财务主体都参与，那么问题就变成了选择一类或几类财务主体作为特定决策的决策主体，但如何从众多的财务主体中做出选择正是难点所在。

一般来说，应当选择那些受该项决策的影响最大的财务主体充当决策主体，因为这样的决策权配置能够使其外部性降低到最低限度，财务决策好坏的后果主要由决策者自己承担，因此，这种机制也是最大限度地实现权力、责任和利益关系在财务主体之间对应的机制。由于其产生的外部性较少，因此，其他财务主体对其进行激励和监督的动机和意义都不大，而对作为决策主体的财务主体来说，对自己进行激励和监督更无必要，因此，这种安排使财务激励和监督的成本降低到了最低限度。在所有权与经营权不分的企业中所有者自己做经营决策就属于这种情况。

但是，财务决策是一项高度复杂的工作，需要决策者有充分的能力和知识作后盾。在特定财务决策中其利益受到影响最大的财务主体不一定是最拥有适合该项决策所需能力和知识的主体，因此，把决策权分配给这样的财务主体对他们自身利益的保障来说并非最好的选择。可能存在的更好的选择是：把决策权交给另一个或一些在特定财务决策中利益受到影响不大的财务主体，甚至是根本不受影响的外部人士，只要他们拥有更多适合该项决策所需能力和知识。而那些受影响最大的财务主体为了减少财务决策外部性可能对其造成的损失，只需加大激励和监督的力度即可。这样一来，对这些受影响很大的财务主体来说，可以减少决策成本，而且带来比自己进行决策更大的利益，代价只是付出必要的激励和监督成本即可。只要付出的激励和监督成本不超过所增加的决策利益和减少的决策成本之和，这种决策权安排就是有效的，因而是可行的。现代企业中普遍采取所有权与经营权分离的形式，日常经营决策的权力授予给具有专业经营才能的企业家，而所有者只对企业家的经营决策进行必要的激励和监督，不再直接参与日常决策，就是上述决策分工安排的典范。

因此，财务决策分工的安排应当在以下两种方案中进行权衡：①由那些受该项决策影响最大的财务主体充当。②由那些虽然受该项决策影响不大但却拥有更多适合该项决策所需能力和知识的财务主体甚至根本不受影响的外部人士充当。权衡的标准主要是准确性、经济性和及时性。

2. 财务决策程序构造的基本方法

财务决策程序的构造从某种意义上说，仍然是决策分工问题。只不过与前面探讨的决策分工有所不同，前面探讨的决策分工主要是决策事项在不同类别的财务主体之间的分配问题，而决策程序的构造则更多的是探讨同一决策事项的信息收集、方案拟定、方案评价和最终抉择等工作如何在同一类的财务主体之间进行分配的问题。虽然分工的内容有所不同，但是考虑问题的基本方法仍然是一样的。在财务决策程序的设计中，要特别重视信息收集和传递问题。信息的准确性、及时性直接决定了财务决策机制的准确性和及时性，信息取得的难易程度又是影响财务决策成本高低的重要因素。把最终决策权配置到最接近信息源的地方，显然是提高准确性和及时性、减少信息传递损耗和延误、降低决策成本的理想选择，这也是近年来推动组织管理体制变革的重要力量。

四、国有企业财务决策机制的构建

（一）国有企业财务管理的层次问题

国有企业的所有权属于国家，而由谁来代表国家具体行使对国有企业的所有权，并代表国家行使出资者的权力恰恰是国有资产管理体制改革中最为棘手的问题。国有资产管理体制从宏观上决定了国家作为所有者对国有企业管理的方式和层次，因此在构造国有企业财务机制时必须充分考虑国有资产管理体制的特点和要求。

针对我国国有企业数量众多的特点，经过一系列的改革和探索，我国国有资产管理体制初步形成了"国家所有、分级管理、授权经营、分工监督"的格局。国家和地方政府都设置了相应的机构专司国有资本金的管理工作。这些专司国有资本金管理的机构代表了国家出资者的最高层次。在此基础上，按国有资本投资管理体制设立中央和地方各级国有资本投资公司、国有资本经营公司、国有控股公司等国有资本投资主体，由国有资本管理机构授权具体行使对国有企业的所有者管理职能，国有企业（包括国有独资企业、国有资本控股企业和国有资本参股企业）则依法享有独立的法人财产权和自主经营权。

上述国有资产管理体制表明，在作为终极所有者的国家和国有企业的经营者之间存在着层层委托和代理的关系，委托—代理的链条长、层次多是国有企业管理的特点。与此相适应，国有企业财务管理也必然是多层次的，至少包括国有资本管理机构、国有资本投资主体和国有企业三个层面。在这三个层面的财务管理中，控股公司等国有资本投资主体处于特殊地位，一方面，其作为国有企业的出资者，是国有企业所有者财务的主体，要行使所有者财务管理的职能，其管理的对象是授权范围内每一个国有企业中的国有资本，并对其实行"一对一"的微观管理，其财务机制的建立和运行与相应的国有企业直接相关；另一方面，它又是以国有资本管理机构为主体的所有者财务中的客体，尽管目前控股公司等国有资本投资主体的资本金100%来源于国有资本管理机构，但控股公司出于资本运营的需要，也可以发行债券、对外借款、对所属企业提供担保甚至发行股票等财务活动，在这种情况下，控股公司所能运营的资金就不限于国有资本管理机构所投入的资本，而是其拥有法人财产权的全部资金。控股公司对这些资金的直接管理形成了以控股公司经营者为财务主体的经营者财务，它与以国有资本管理机构为财务主体的所有者财务是不能等同看待的，前者属于经营者财务的范畴，而后者则属于所有者财务的范畴。

由此可见，准确地说，国有企业的财务管理至少可以分为四个层次，其中国家作为终极所有者对控股公司等国有资本投资主体的财务管理和这些国有资本投资主体根据授权以"出资者"身份对国有企业的财务管理都属于所有者财务，国有资本投资主体的经营者对其资本运营活动的财务管理和国有企业经营者所从事的财务管理则同属于经营者财务。对于国有企业财务管理的各个不同层次，都需要设计相适应的财务决策机制。

（二）国有控股公司层次财务决策机制的构建

1. 构建国有控股公司层次财务决策机制的特殊性

国有控股公司作为国有资本管理机构授权的国有资本运营机构，对授权范围内的国有资本依法自主经营，以实现国有资本的优化配置和高效运营，保障国有资本的安全增值。作为一个特殊的法人实体，国有控股公司大多采取国有独资公司的组织形式，一般不设股东会，而是建立由董事会、监事会和经理层组成的公司领导体制。在经营内容上，国有控股公司主要是通过对外投资、联营合资、买卖股权、企业租赁以及对下属企业的合并、分立、资产重组等资本运营活动实现国有资本的优化配置，而所有这些决策对一般企业来说都属于重大财务决策，关系到企业的长期发展，理所应当由出资者来最终定夺。但对国有控股公司来说，这些决策又构成了其日常经营管理的主要内容，如果所有这些决策都要交由国有资本管理机构做出，则设立国有控股公司作为中间出资人就没有多大的意义了。设立国有控股公司的目的和其所处的特殊地位，要求国有控股公司对所属国有企业来说必须是一个真正的投资者，切实履行出资者的权力，要在所属企业的重大财务决策中发挥控制作用。但是，就国有控股公司与国有资本管理机构的关系来说，又不能简单地视为普通的子公司与母公司的关系，为了提高决策效率，发挥国有控股公司的决策优势，国有资本管理机构作为终极出资者的权力应更多地分配给国有控股公司，使国有控股公司在整个国有资本的运营体系中处于决策中心的地位。

鉴于国有控股公司所处的特殊地位和其经营活动的特殊性，在设计国有控股公司层次的财务决策机制时必须处理好以下两方面的关系：①国有资本管理机构参与国有控股公司的重大财务决策与国有控股公司依法自主经营之间的关系。②国有控股公司参与授权范围内国有企业重大财务决策与国有控股公司日常财务决策之间的关系。这两方面的关系问题，实质上都是出资者财务决策与经营者财务决策的关系问题，只不过前一种关系中的出资者是国有资本管理机构，而后一种关系中的出资者则是国有控股公司。

2. 国有控股公司层次财务决策机制的具体设计

关于国有控股公司层次财务决策机制，我们认为，在处理国有资本管理机构参与国有控股公司的重大财务决策与国有控股公司依法自主经营之间的关系方面，应通过在国有控股公司中建立一个多方共同参与的董事会的方式来解决，使董事会成为国有控股公司的决策中心，依法自主做出财务决策，国有资本管理机构只能通过在国有控股公司董事会中委派代表的方式参与国有控股公司的重大财务决策，从而有效地避免国有资本管理机构对国有控股公司的不正当干预。同时，在处理国有控股公司参与授权范围内国有企业重大财务决策与国有控股公司日常财务决策之间的关系方面，应将内部财务决策与控制权适当在有关业务管理部门之间进行分配，避免出现内部财务决策和控制权高度集中在高层管理者的倾向。具体来说，在国有控股公司层次，可以建立以国有控股公司董事会、总裁和业务管理部门为决策主体的财务决策体系。董事会作为国有控股公司的决策中心，主要负责整个控股公司的财务战略决策和重大资本运营活动的决策，总裁则负责控股公司日常资本运营活动的决策以及根据法律或公司章程应由控股公司行使的对所属企业重大财务活动的决策权，各业务管理部门一方面参与控股公司本部日常财务决策，另一方面则对所属企业董事会的决策事项确定决策意见，并通过向所属企业委派的产权代表，行使所属企业董事会上的表决权。

国有控股公司董事会对国有资本管理机构负责，应当在公司的战略决策中发挥"领航人"的作用，行使财务战略制订和公司重大财务事项的决策权，包括：①制订公司的中、长期发展规划和重大项目的投资方案，报国有资本管理机构批准后实施；②制订公司年度财务预算方案、收益分配及亏损弥补方案，报国有资本管理机构批准后实施；③审议制订公司增减注册资本、发行债券和"公司章程"的修改方案，报国有资本管理机构批准后实施；④决定年度投资计划、年度国有资产运营计划、收益计划和审计工作计划；⑤决定收购、兼并其他企业和转让下属企业产权的方案；⑥决定公司年度借款总额，决定对下属企业的贷款年度担保总额度；⑦决定董事会向董事长、总裁和下属企业授权的事项；⑧决定公司总裁、副总裁及董事的报酬和支付方式；⑨决定设立相应的董事会工作机构，决定公司的基本管理制度等。国有资本管理机构除对上述前三类财务事项直接行使决定权外，其他财务事项都通过其委派到国有控股公司的产权代表（一般担任国有控股公司的董事长）行使表决权，因此对国有控股公司产权代表的委派、激励及考核等是国有资本管理机构的一项重要工作内容，这与其激励机制的设计有关。

由于董事会的决策关系到公司的长远发展，涉及许多方面的利益，为了提高财务决策的科学化水平，董事会的人员构成应有广泛的代表性，其人员素质应与董事会的决策特点相适应，避免出现"董事不懂事"的现象，必要时，可以设立专门的财务决策咨询委员会，专门行使财务管理的决策咨询职能。董事会可考虑由以下方面的人员组成：国有资本管理机构代表（一般任董事长）、公司党委代表、公司经营班子代表、财务总监、法律顾问、员工代表、所属企业代表、社会专家。董事会采取集体决策方式，具体可采取会议审议和传阅审议两种形式。董事应对董事会的决议承担责任，但经证明在表决时表示异议并记载于会议纪要的，可以免除责任。董事会闭会期间，由董事长在董事会授权的范围内行使董事会的职权。

国有控股公司的总裁（或经理）对董事会负责，组织实施董事会决议，全面主持公司的日常经营管理工作。如果说董事会的决策主要是关于控股公司的整体战略部署的话，则总裁的决策内容主要是有关战略实施的决策，并更多的与所属企业直接相关。总裁主要行使以下职权：①组织实施董事会的决议，全面主持公司的日常运营和管理工作；②拟订公司中、长期发展规划、年度运营计划和收益运用计划，公司年度财务预决算方案、弥补亏损方案；③拟订公司增加或减少注册资本和发行公司债券的建议方案；④拟订公司内部管理机构设置方案；⑤拟订公司的规章制度；⑥提请董事会聘任或解聘公司财务负责人；决定公司其他各职能部门负责人的任免；决定公司本部工作人员的聘用、薪酬、奖惩与辞退；⑦审定下属企业中长期发展规划、年度经营计划和重大投资等事项；⑧在董事会授权的额度内决定公司投资、贷款、对下属企业担保等事项，决定公司法人财产的处置和固定资产的购置，审批公司财务支出；⑨根据董事长授权，代表公司签署各种合同和协议；签发日常行政、业务等文件。总裁的财务决策一般通过召开总裁办公会议讨论决定，总裁办公会议应由公司总裁、副总裁、三总师、总裁助理等出席，必要时通知有关部门负责人列席。

与财务决策有密切关系的国有控股公司业务管理部门主要有计财部、企业管理部、资产经营部、投资发展部等,其在各自分工负责的范围内为总裁的决策提供决策信息和咨询,并负责受理所属企业重大财务活动的决策申请,对属于应由所属企业股东会决策的事项,将所属企业的申请和本部门的初审意见一同转交总裁,由总裁确定决策意见;对属于应由所属企业董事会决策的事项,则由业务管理部门直接确定决策意见,并及时将决策意见以书面批复形式通知产权代表。

(三)国有企业层次财务决策机制的构建

国有企业层次财务决策机制的构建主要是处理好所有者财务职能和经营者财务职能的划分问题。按照现代企业制度,企业的所有者或者股东会应行使企业财务的最高权力,其财务权利主要是:决定长期经营方针和投资计划;决定企业清算、分立、合并等;选举或罢免董事会成员;决定公司税后利润分配和使用方案;批准企业财务预、决算;制订修订公司章程,包括其中有关公司财务管理的条款等。对于国有企业来说,这些财务权力应当由国有控股公司行使,因此与国有控股公司层次财务决策机制的设计紧密相连,具体实现方式已在前面述及。

关于国有企业经营者财务职能,关键是如何在董事会、经理和财务负责人之间正确划分经营管理者的财务决策权。根据《公司法》的规定,董事会是企业财务管理的决策者,而经理层则是企业财务管理的执行者。董事会向股东会负责,其在企业财务管理上的决策权利主要有:制订年度财务预、决算方案;决定经营计划和投资方案;制订利润分配和弥补亏损方案;决定资本金增减和发行债券方案;拟定企业的合并、分立和解散方案;决定企业内部财务管理机构设置;根据经理提名聘任财务主管;制订财务管理等基本制度等。经理(或经理层)向董事会负责,在财务管理上的职能是:负责实施董事会的财务决策;实施年度经营计划和投资方案;提出企业内部财务机构设置方案并草拟财务管理制度;提名财务主管人选等。财务负责人作为企业财务管理的技术负责人,是理财专家,在财务管理的业务和技术方法方面享有权威和相应的决定权。其主要职责是:审核重大财务事项,主要是对财务管理的业务和技术方法负责;协调各职能部门、基层单位和财务部门之间的关系;组织制订和具体实施财务预算方案;负责组织财务核算;审阅财务决算;预测企业资金需要变化,负责日常资金调度;向经理提出筹资、投资和分配的建议;分管或协助经理分管财务部门。

为了保证委派的国有资本产权代表在国有企业董事会的决策中维护国家作为出资者的利益，许多地方的国有控股公司都建立了产权代表报告制度，要求产权代表在重大财务事项决策前及时向国有控股公司书面报告，并根据控股公司的批复意见行使董事会上的表决权，这是完善国有企业财务决策机制的一种十分有益的尝试。

第四章 国家出资者对国有企业财务管理的激励与监督约束机制

建立所有者与经营者之间的制衡机制，形成有效的公司治理结构，是现代企业制度的核心。对国有企业管理而言，重点是要在实现政府代表国家作为国有资本所有者的职责与政府的宏观经济调控职责分开的前提下，建立起有效的国家出资者对国有企业财务管理的激励与监督约束机制。

一、国家出资者财务管理的激励与监督约束机制：现状及存在问题分析

中国国有企业改革虽然经历了从"放权让利""利改税"到实行承包经营责任制、再到建立现代企业制度的过程，并取得了令人瞩目的成就，但国有企业效率问题并没有从根本上得到解决。问题的关键在于在给予国有企业经营者充分的经营自主权的同时，没有建立起一套行之有效的对国有企业经营者的激励和约束机制。特别是国家出资者对国有企业财务管理的激励与监督约束机制很不完善，激励不足、约束不力是当前国有企业激励与约束机制的主要问题。

在激励方面，国务院发展研究中心中国企业家调查系统与中国企业联合会共同组织实施的"2000·千户国有企业经营者问卷调查"的结果显示，激励不足仍然是影响经营者发挥作用的主要因素。中国社会科学院工业经济研究所课题组的一份调查问卷显示，国有大中型企业经营者认为现有激励方式有效的仅为29.3%，认为不大有效的占47.9%，认为无效的占29.6%。这份调查还表明，与政治地位和社会声望相比，国有大中型企业高层经理人员对自己的经济地位不满意，这说明国有企业经营者更缺乏有效的经济激励。经济激励存在的不足首先表现在激励力度不足；"中国企业家调查系统"的《1999中国企业经营者

成长与发展专题调查报告》显示，国有企业经营者的收入水平在各类所有制企业经营者的收入水平中是最低的。许多国有企业经营者的收入与他们所做的贡献十分不对称，国有企业经营者的积极性受到影响。由于名誉工资过低，出现增加灰色收入和过度的"在职消费"等现象就在所难免。其次，没有建立多元化的激励机制，许多国有企业仍然实行的是以工资、奖金为主体的传统薪酬制度，采用年薪制、股票赠予和股票期权的则很少。再次是激励结构失调，激励政策多与短期业绩相联系，而体现企业长远利益的激励政策较少，国有企业经营者的短期行为倾向较为明显。最后，国有企业经营者的职业声誉激励机制仍然十分薄弱。与报酬机制等显性激励相比，经理市场的竞争机制更有助于经营者的自我激励和约束。职业声誉是经理市场上企业家"质量"的信号，企业家的报酬则是经理市场上企业家的"价格"信号，有效的经理市场将促使有良好职业声誉的企业家获得高报酬，而具有不良声誉的企业家则被逐出市场，以体现"优质优价""优胜劣汰"的竞争原则。对国有企业而言，高层经理人员大都是通过组织部门任命的，经营不善易地做官的现象仍大有人在，国有企业经营者的职业化进程进展十分缓慢，经理市场刚处于萌芽状态，导致对国有企业经营者的职业声誉激励严重匮乏。

在约束方面，监督部门和监督的形式不少，但由于缺乏明确的分工，加上政出多门，相互扯皮，使许多监督都是流于形式，现阶段中国国有企业"59岁现象""内部人控制"问题严重、过度"职位消费"得不到控制、国有资产流失、会计信息严重失真等一系列问题都说明这些监督机制没有达到有效监督的效果。在各种监督约束机制中，又以国家出资者对国有企业的监督约束机制最为薄弱。虽然中央和各地方近年来在加强国家出资者对国有企业的监督约束方面都做了大量的探索，并推出了会计委派制、财务总监委派制、稽察特派员制以及下派监事等举措，但由于国有企业所有者主体虚置的问题没有根本解决以及这些制度设计上存在的缺陷，使国家出资者对国有企业的监督约束仍然处于十分尴尬的境地，没有发挥出其应有的作用。

目前，解决国有企业所有者主体虚置问题的主要做法是在国有资本管理机构和国有企业之间设置若干个国有资本投资主体（国有控股公司、国有资产经营公司及经授权的企业集团等），由国有资本投资主体作为中间出资者直接行使对国有企业的所有者权能，以出资者身份对国有企业进行监督约束，并通过资本经营实现国有资本的保值、增值。实践证明，这种做法在一定程度上解决了长期以来存在的国家出资者对国有企业的软约束问题，对国有企业建立符合现代企业制度的约束机制起到了积极的促进作用。但同时也暴露了一个问题，就是国有资产管理机构往往是作为政府的一个行政管理机关，并非真正的国有资本的出资者，其自身利益与对国有资本投资主体实施监督约束的努力程度并无直接关系，因此，出现国有资本管理机构对国有资本投资主体疏于监督、放纵其"偷懒"行为甚至与其"合谋"共同截留或侵占本应属于所有者利益的现象就不足为奇。同样的情况可能出现在国有投资主体作为中间出资者对国有企业实施的监督约束之中。很难想象缺乏监督动力的国有资本管理机构和国有资本投资主体能够使国家出资者对国有企业的约束和监督真正落到实处。由此可见，如何适应国有企业的产权特点，强化对国有资本管理机构和国有资本投资主体的监督，是关系到国家出资者对国有企业的约束机制能否良好运行的关键所在。

二、产权结构调整：解决国有企业激励和监督约束问题的根本出路

研究市场经济条件下的激励和监督约束机制，必须以现代企业制度为基础。建立所有者与经营者之间的制衡机制，形成有效的公司治理结构，则是现代企业制度的核心。现代企业制度中所研究的治理结构通常涉及三个方面的问题：企业控制权的配置和行使；对董事会、经理和职工的监控以及对他们工作绩效的评价；激励机制的设计和推行。

在法人治理结构涉及的三方面问题中，企业控制权的配置是最为核心的内容。不同的控制权配置形成了不同的决策机制，决策的内容是是否授予控制权、授予谁和授权后如何制约，决策的结果在很大程度上影响着经营者的产生方式、经营者的努力程度和行为。在现实的公司中，这种制度安排或决策机制表现为股东大会、董事会、经理人员和监事会之间的权力的分配和相互制衡关系，它取决于对财产终级所有权和法人财产权权利的具体安排。法人治理结构的其他两个方面——激励机制和监督约束机制的设计和运行则是为了保障企业控制权的正常行使而建立的。也就是说，激励和监督约束机制是建立在一定的决策机制基础上的，它们是从企业控制权的配置或决策机制中派生而来的，如果撇开决策机制，任何激励机制和监督约束机制都将是空中楼

阁。因此，我们研究激励和监督约束机制，应当以特定的控制权配置或决策机制为前提。不同的企业控制权配置方式，与之相适应的激励和监督约束机制就会不同。

对国有企业而言，经济体制改革之前国有企业的控制权（包括最终控制权和经营控制权）都被政府完全垄断，当时的国有企业并不存在独立的经营权。经济体制改革初期，中国国有企业的改革，先后经历了企业基金制度、利润留成和盈亏包干制度、两步利改税、承包经营责任制等几个阶段。实践证明，这些改革要么是难以实现"两权"真正分开，企业经营自主权不能得到充分发挥，无法有效地激励起企业经营者的积极性，要么是企业所有者的所有权虚置，难以形成有效地监督、约束经营者的机制，使"内部人控制"现象失控，所有者权益遭受不应有的损失。经过多年漫长而艰难的改革探索，我们终于找到了解决问题的钥匙。党的十四届三中全会通过的《中共中央关于建立社会主义市场经济体制若干问题的决定》，明确指出企业改革的目标是建立现代企业制度，其基本特征是"产权清晰，权责明确，政企分开，管理科学"。但建立现代企业制度并不是简单的组织形式的改变，其核心仍然是产权制度的改革。对于中国的国有企业来说，如果不对其产权制度进行根本改革，国有企业改革就不可能取得重大突破。建立现代企业制度之前的各种改革之所以没有取得成功，它们的共同缺陷在于都是在传统国有产权构架不变的前提下让渡一部分经营权，而不是企业财产权结构的重组和产权制度的创新，即改革未深入触及企业制度的核心内容——产权制度。[①] 同样地，如果认为只要把国有企业中的国有资产转为国有股，委托国家设立的国有资本投资主体行使"股东"职能，就可以建立起现代企业制度的话，那么，这种所谓的"现代企业制度"最终也会走向失败。因为，行使企业最终控制权的"股东"——国有资本投资主体的经理人员并不是最终的剩余索取者和风险承担者，这就决定了他们不可能像真正的股东那样对资产经营负责。在这样亦真亦假的国有企业控制权安排的前提下，由控制权派生出来的激励和约束机制也不会有多大的真实成分，当前国家出资者财务管理的激励与约束机制存在的上述问题正说明了这一点。

产权结构并非一成不变，而是适应生产发展和经济生活变化的需要不断地进行调整。现代企业制度是在资本主义市场经济中发展起来的，其所有权与经

---

① 刘诗白. 主体产权论（序言）[M]. 北京：经济科学出版社，1998：5.

营权的分离正是为了适应当时社会化大生产的发展而进行的产权制度创新,实现了在私有制基础上的资本联合,解决了出资者(所有者)对经营者的激励、监督和风险分配问题,既有效地调动了经营者的积极性,又维护了所有者的利益。但是,时至今日,如何调动劳动力要素的积极性,以协调资本和劳动(人力资本)的矛盾,已成为现代资本主义市场经济需要解决的新问题。于是,"利润分享制"和"职工持股制度"在西方公司企业中普遍兴起,这是现代企业制度在产权结构上的又一创新。实践证明,这种创新对于提高经营者和职工实现公司目标的积极性,强化员工的自我监督和约束机制是非常有效的。现代企业制度在资本主义市场经济体制下的演变给我们带来了启示:必须通过产权结构的调整才能从根本上解决激励和监督约束问题。因此,国家出资者财务管理的激励与监督约束机制的改革应从改革国有企业的控制权做起,即改革国有企业的产权结构。

针对中国国有企业数量多、分布广的现实情况,我们认为应当建立一种新型的国有资本运营管理体系。新的国有资本运营管理体系仍然分国有资本管理机构、国有资本投资主体和国有企业三个层次,但除积极推进国有企业层次投资主体多元化的改革外,应当着力实现国有资本投资主体层次的股权结构多元化,通过投资主体多元化促使所有权职能到位。在国有企业这一微观层次,主要采取境内外上市、职工持股、高层经理人员持股、国有股减持、法人之间相互持股、"债转股"等形式,将企业控制权分配给多个有自身利益要求的投资主体,从而使它们有动力对企业经营者进行激励和监督。在国有资本投资主体这一层次,应改变目前由国有资本管理机构单独持股的国有独资的组织形式,主要通过吸收基金法人和银行、保险公司等向国有资本投资主体投资,一方面使国有资本投资主体的股权结构合理化,通过基金法人及银行、保险公司等法人出资所有权的到位克服国有资本管理机构作为单一的所有者而产生的监督失灵问题,把国有资本投资主体塑造成具有独立利益的资本运营主体,从而成为所持股的国有企业的"真老板",既增加了国有资本投资主体对国有企业激励和监督的动力,又可将国有资本投资主体置于多方出资者的约束监督之中;另一方面,通过吸收基金法人和银行、保险公司的资金增加国有资本投资主体可以运作的资金,从而使国有资本投资主体有能力实现跨地区、跨行业的资本运作,继而把竞争机制引入各地区、各行业的国有资本管理机构之中,从而增强国有资本管理机构其对国有资本投资主体进行监督和约束的内在动力。在这方面,允许国有股份的上市流通显得更为迫切。

三、建立国家出资者财务管理的激励与监督约束机制的基础

如前所述，激励和监督约束机制的设计要以一定的决策（控制）机制为前提，因此，要建立国家出资者财务管理的激励与监督约束机制，首先应当建立国家出资者参与重大财务决策的机制。

1. 出资者财务管理决策机制的内容

企业的决策机制是一个企业为进行有效的决策活动而相应地设置的组织机构与组织关系和保证决策过程运行的制度和方法，财务决策机制作为企业决策机制的核心组成部分，通常包括三方面的内容：①财务决策主体的确定。②财务决策权限和决策职能在有关决策主体之间的划分。③财务决策的程序、方法和信息的传递方式等。出资者将资本经营权授予代理人，是以保留选择经营者、收益分配、重大决策三项权利为条件的。因此，出资者财务管理的财务决策机制的关键就是要明确应由出资者行使的重大财务决策的范围、决策方式和程序。具体来说，主要应当明确以下内容：①应由出资者审批决定的重大投资、筹资方案、资本转让、资产重组及重大资产处置事项、收益分配办法等重大财务决策的标准和范围。②重大财务决策的决策程序和方式，包括产权代表的委派和其表决权的行使方式、重大财务决策的审批程序和议事方式。③重大财务决策的信息报告制度和信息反馈制度等。

2. 国家出资者财务管理决策机制的特殊性

由于国家出资者分为两个层次，因此如何在不同层次的出资者之间划分重大财务决策的权力、规定各种重大财务决策的决策程序和决策方式等就成为建立国有企业出资者财务决策机制所需考虑的特殊问题。

目前，作为一个特殊的法人实体，国有资本投资主体大多采取国有独资公司的组织形式，一般不设股东会，而是建立由董事会、监事会和经理层组成的公司领导体制。在经营内容上，国有资本投资主体主要是通过对外投资、联营合资、买卖股权、企业租赁以及对下属企业的合并、分立、资产重组等资本运营活动实现国有资本的优化配置，而所有这些决策对一般企业来说都属于重大财务决策，关系到企业的长期发展，理所应当由出资者来最终定夺。但对国有资本投资主体来说，这些决策又构成了其日常经营管理的主要内容，如果所有

这些决策都要交由国有资本管理机构做出，则设立国有资本投资主体作为中间出资人就没有多大的意义了。设立国有资本投资主体的目的和其所处的特殊地位，要求国有资本投资主体对所属国有企业来说必须是一个真正的投资者，切实履行出资者的权力，要在所属企业的重大财务决策中发挥控制作用。但是，就国有资本投资主体与国有资本管理机构的关系来说，又不能简单地视为普通的子公司与母公司的关系，为了提高决策效率，发挥国有资本投资主体的决策优势，国有资本管理机构作为终级出资者的权力应更多地分配给国有资本投资主体，使国有资本投资主体在整个国有资本的运营体系中处于决策中心的地位。

国家出资者参与重大财务决策是通过委派产权代表行使股东大会和董事会上表决权来实现的。对于国有资本控股的企业，董事会中的产权代表的委派可以与选择经营者结合起来。长期以来，国有投资主体及国有企业的董事长、总经理等被视为一种行政职务，要由组织部门和人事部门进行任免，国有股权代表的委派也极不规范，许多地方是由政府主管部门领导兼任国有股权代表，有些是由主管部门或其他政府部门领导离、退休后担任国有股权代表，还有的地方则是由主管部门直接任命原企业的厂长、经理担任。这些做法实质上都是政资管理不分在国有企业人事管理体制上的体现，也是对出资者最终控制权的侵犯。在实行政资管理职能分开的前提下，对国有企业的人事管理体制应做相应的改革。要把国有企业董事、监事、股权代表等的委派权归还给出资者。国家作为出资者对国有企业重要经营管理人员的任免不应通过行政手段，而要通过经济手段，根据其经营能力和经营业绩任用、考核经营者，从而实现管人与管资产（本）的结合。

另外，为了调动国有企业职工当家理财的自觉性和积极性，除在董事会成员中必须有一定比例的职工代表外，还应积极推行职工持股计划，使国有企业的职工进一步享有在股东大会上的表决权。这样也更有利于职工的利益与国家出资者的利益的协调和激励与监督约束机制的创新。

四、国家出资者财务管理的激励与监督约束机制的设计

1. 国家出资者财务管理的激励机制的设计

激励机制存在的基本前提是"经济人"假设，即经营者有自己的利益目标，

他们不会自然而然地以出资者或委托人的目标作为自己的目标。由于目标不一致，并由此导致道德风险和逆向选择，才使监督和激励有了存在的必要。监督机制对经营者的约束是一种被动的约束，而激励则是一种积极的约束。良好的激励机制会促使经营者自觉地把委托人的目标作为自己的目标，从而有效地激发经营者正向的行为。

激励有多种形式，但总的来说可以分为两大类，一类是经济利益激励（或称物质利益激励），另一类是非经济利益激励（或称精神激励）。前者主要是各种类型的报酬契约或报酬计划，例如：年薪制、股票期权、退休金计划以及职位消费等；后者主要是指职业声誉、社会荣誉、事业成就欲的满足以及企业家精神的自我实现等。作为国家出资者财务机制研究的重要组成部分，我们对激励机制的研究侧重于经济利益激励的研究，并主要以对高层经营管理人员的经济激励为主。

构建国家出资者财务管理的激励机制，不仅要考虑对直接从事生产经营活动的国有企业的高层经营管理人员如何激励，而且要进一步研究对从事资本运营活动的国有资本投资主体的高层经营管理人员如何激励，要彻底改变目前对国有资本投资主体的高层经营管理人员的行政管理色彩，要把他们塑造成为真正的投资家、企业家。由于作为"中间出资者"的国有资本投资主体的财务决策和直接从事企业产经营运作的国有企业经营者的财务决策在决策内容、涉及的风险以及对财务目标的影响程度都有较大的差异，因此，国有资本管理机构在设计对国有资本投资主体的高层经营管理者的激励机制时，就不能照搬国有资本投资主体设计的对国有企业高层经营管理者的激励机制。同样的，对高层经营管理者中拥有决策控制权的董事长的激励政策与拥有决策执行权的总经理的激励政策也应当有所区别。

由于不同层次的高层经营管理人员所进行的财务决策对财务目标可能产生不同的影响，因此，国家出资者财务管理的激励机制的设计首先应与决策机制相适应，使激励机制真正实现控制权（决策权）和剩余分配权的合理匹配。我们的总体设想是，激励机制应区分长期激励和短期激励，长期激励与决定企业长远利益的长远决策相匹配，短期激励则与决定企业近期利益的短期决策相匹配。长期激励主要采取股权、期权、远期支付、养老金计划等激励形式，而短期激励主要采取奖金、职位消费等形式。为了调动国有企业职工的劳动积极性，除探索经营者持股外，还应积极推行职工持股计划。按照这一设想，对国有资本投资主体层次的经营者应以长期激励为主,而对国有企业层次的经营者则以短期激励为主;在属于同一层次的高层经营管理人员中,对负有决策控制权的经营者(如董事局主席、董事长)的激励应比对负有决策执行权的管理者(如国有资本投资主体的总裁、国有企业的总经理)的激励更多地运用长期激励。

鉴于中国目前尚不具备大规模实行经营者持股和股票期权的条件,因此现阶段可实行多元报酬结构的年薪制度改革。高层经营管理人员的报酬可由以下几部分组成,一部分是固定的基薪收入,这部分收入不宜过高,一般应是职工平均工资的 3~5 倍;另一部分是与经营业绩相关的风险收入,这部分收入可以再分为当期收入(以现金支付的奖金、以现金或实物支付的职位消费)和远期收入两部分。远期收入主要采取延期支付的形式,即高层经营管理人员的报酬由当期的会计数字计算确定,但实际支付期则在计算期之后的若干年内一次或分期支付。同时在报酬契约中约定,若发现被激励人因失职而有损企业的利益,则可以拒付尚未支付的部分。这种带有拒付可能的延期支付方式可以激励高层经营管理做出符合企业长远利益的决策,有效地避免即期支付引发的经营者行为短期化倾向。在此基础上,应逐步建立和完善经营者持股制度,在有条件的企业中尝试股票期权制度和高额养老金计划,从而逐步扩大高层经营管理者的远期收入的比重,促使经营者行为的长期化。

2. 国家出资者财务管理的监督约束机制的设计

构造新的国家出资者财务管理的监督与约束机制,必须按照建立现代企业制度和规范的法人治理结构的要求,正确处理好由谁委派监督者、委派谁监督、委派的监督者监督什么及如何监督等问题。我们认为:在监督方式上,国家出资者对经营者的监督与约束应当采取日常监督和定期监督、内部监督和外部监督相结合的方式。

国家出资者的日常监督可采取委派制,但对委派的人员身份、职能及监督形式必须重新做出安排。这种委派制度可称为"财务监事委派制"。与前述的国家出资者的两个层次相对应,国家出资者财务管理的监督与约束机制也划分为两个层次。具体来说就是:①代表国家行使国有资本终级所有权的国有资本管理机构向其授权的"中间出资者"——各国有资本投资主体委派财务监事,并担任监事会主席。②国有资本投资主体作为国有独资企业和国有资本控股企业的控股股东向国有企业委派财务监事;至于国有资本参股企业,国有资本投资主体只能通过在股东大会上行使表决权来选举监事会中的股东代表。不论是哪一层次委派的财务监事，都应作为被监督企业监事会的主要成员；财务监事的报酬由委派部门决定；其职责是对被监督企业董事会所做出的各项重大经营、财务决策的合法性和合理性进行监督，对经理执行董事会决议的情况进行监督，并有权对董事会、经理做出的损害公司及出资者利益的行为给予纠正；财务监事可以列席董事会会议，但不具有表决权。这样委派的财务监事完全是代表出资者的利益行使监督权，不参与经营决策。

1999年12月25日第九届全国人大常委会第十三次会议通过了关于修改《公司法》的决定，将《公司法》第67条修改为："国有独资公司监事会主要由国务院或者国务院授权的机构、部门委派的人员组成，并有公司职工代表参加。监事会成员不少于三人。监事会行使本法第五十四条第（一）（二）项规定的职权和国务院规定的其他职权。""监事列席董事会会议。""董事、经理及财务负责人不得兼任监事。"这一修订意味着国有独资公司和国有资本投资主体也可以设置监事会，从而为上述国家出资者的经常性监督机制的实施提供了法律支持。

鉴于国有企业普遍存在的董事会成员与经营班子成员高度重叠导致董事会对经理的监督失衡的现状，建议借鉴目前上市公司中引入独立董事制度的做法，在董事会下设置由非执行董事和独立董事组成审计委员会。审计委员会尽管是董事会下设的一个分会，但由于其成员均由非执行董事和独立董事组成，而且大多是社会上的财经审计、法律、银行等方面的专家，拥有丰富的专业知识和实践经验，他们不是企业的全职工作人员，不参与公司董事会的日常决策，对公司的业务也不承担责任，因此可以提供较为独立和客观的意见。审计委员会在董事会和内部审计、外部审计之间架起一座桥梁，对加强董事会对经理的财务与会计监督、增强对内部人控制的控制等可发挥重要的作用。

国家出资者的定期监督则主要采取由国有控股公司的内部审计部门定期对所属企业进行审计或委托社会审计机构进行定期审计的做法。国有控股公司可设置由总裁领导的内部审计机构，该机构除对委派到所属国有企业的财务监事进行日常监督外，要常年对所属国有中小型企业进行巡回的审计监督。如果能够组织合理，完全不需再委托社会审计机构进行定期监督。这样既能节约监督成本，又能使对国有企业的监督与整个国有控股公司的经营方针、政策和工作重点等有机地结合起来，从而大大提高监督的效率。本着节省监督成本、抓大放小的原则，对于国有小型企业可以采取不委派财务监事而采取定期组织内部审计或委托社会审计机构进行审计的办法。

当然，要完善对国有企业的监督与约束机制，除了需要建立健全国家出资者财务管理的监督约束机制外，还应建立和完善政府监督、社会监督、企业内部监督等多种监督机制，并充分发挥产品市场、经理市场及资本市场对经营者的激励和约束作用，从而构建一个分工明确、协调有效的监督体系。

第五章 国有资本监管体制与国有控股公司监管模式研究

一、国有资本监管体制与国有控股公司监管模式改革的简要回顾

20世纪80年代初期,我国就开始了国有企业及国有资产管理体制的改革;十四届三中全会在明确现代企业制度的基本原则的同时,提出国有资产实行"国家统一所有、政府分级监管、企业自主经营"的原则;十五届四中全会进一步提出"国家所有、分级管理、分工监督、授权经营"的国有资产管理体制的十六字方针,给地方政府在国有资产管理体制和国有企业改革方面更大的权限。但是由于地方政府不享受出资者权利,导致国有资产在交易上存在较高的社会成本。另外,国有资产管理的权限被多个政府部门瓜分,但出现了问题却难以找到承担责任的主体,造成国有资产管理的权责不统一。这样的体制导致地方政府对国有资产漠不关心,国有资产管理的效率难以提高。十六大提出了"国家要制定法律法规,建立中央政府和地方政府分别代表国家履行出资人职责,享有所有者权益,权利、义务和责任相统一,管资产和管人、管事相结合的国有资产管理体制",标志着"国家所有、分级代表"的新体制将取代"国家所有、分级管理"的模式,也标志着中国的国有企业改革步入了一个新的阶段。

在新的国有资产管理体制的起步阶段,国有资产管理体制建设的重点是经营性国有资产管理体制的建设。就经营性国有资产管理来说,中央政府和各级地方政府代表国家履行出资人职责,其管理的对象实质上是企业中的国有资本。按照十六大提出的"国家统一所有,政府分级代表"的要求,国务院和省、市(地)级地方政府先后设立了国有资产监督管理委员会(以下简称国资委)。但是,各级国资委成立后,面对数量众多的国有企业如何切实履行出

资人的监督管理职责却成了各级国资委的工作难点。显然，面对数量众多的存在国有资本的企业，各级国资委难以对所有这些企业实行直接管理，在国资委和有国有资本投入的企业之间必须设立"中介人"——国有控股公司或资产经营公司，让"中介人"直接行使对存在国有资本投入企业的出资人职能，通过资本经营实现国有资本的保值、增值。国资委则主要对"中介人"资本经营和实现国有资本保值、增值的情况进行监管。因此，国资委如何对国有控股公司进行资本监管、国有控股公司如何对有国有资本投入的企业进行监管就成为国有资产管理体制改革的题中之意，也是决定国有资产管理体制改革能否成功的关键。

进一步说，由于中央政府和地方政府所面对的国有企业在国民经济中的作用和地位、所处行业的性质、企业的数量等方面均存在明显的差异，因此，这种改革不能搞"一刀切"，必须对中央政府和地方政府所代表的国有资本区分对待。事实上，国有经济布局和结构调整的难点是地方政府分工管理的那部分经营性国有资产。对全国的地方政府来说，面对十几万个处于一般竞争性行业的国有企业和数额高达数万亿元的经营性国有资产，究竟谁应该充当实施国有经济布局和结构战略性调整的主体？目前很多地方所采取的国有控股公司模式，其采取国有独资公司的组织形式是否有利于实现国有经济布局和结构的战略性调整？倘若每个地方政府都建立这种独资形式的国有控股公司之后，是否会形成画地为牢的局面？现有的研究多是从国有资产宏观管理的高度或从中央政府所代表的国有资本角度探讨国有大型企业改革问题，从地方政府代表的国有资本角度探讨国有资本监管体制和国有控股公司改革的研究尚不多见。

鉴于上述，对国有资本监管体制和监管模式的研究不应停留在宏观层面上，而应侧重于从地方政府监管的国有资本的角度，并深入到国资委、国有控股公司和有国有资本投入的企业各个层面上探讨国有资本监管体制和监管模式的改革，把国有资产管理体制改革与国有企业建立现代企业制度的改革紧密联系起来，从而使研究的针对性和应用价值大大提高，为我国政府特别是地方政府国有资本监管体制和监管模式的改革和完善提供决策支持和政策建议，为地方政府国有资产管理体制改革注入活力，使地方政府作为出资人的职能能够落实到位，切实加强对国有资本的监管，从而加快整个国有经济布局和结构调整目标的实现。

二、国有资本与国有资产概念界定

对国有资本监管体制进行研究,首先需要明确什么是国有资本?国有资本的边界在哪里?但是,在我国,却一直存在着"国有资本"和"国有资产"混用的问题,即使在一些正式的法规中也不例外。

财政部在《关于印发〈企业国有资本与财务管理暂行办法〉的通知》(财企〔2001〕325号)中规定:本办法所称"国有资本",是指国家对企业各种形式的投资和投资所形成的权益,以及依法认定为国家所有的其他权益。2003年国务院颁布的《企业国有资产监督管理条例》中却将"国家对企业各种形式的投资和投资所形成的权益,以及依法认定为国家所有的其他权益"称为"企业国有资产"。2004年8月国务院国有资产监督管理委员会令第9号公布了《企业国有资本保值增值结果确认暂行办法》则将"国家对企业各种形式的投资和投资所形成的权益,以及依法认定为国家所有的其他权益"称之为"企业国有资本",并进一步明确,对于国有独资企业,其国有资本是指该企业的所有者权益,以及依法认定为国家所有的其他权益;对于国有控股及参股企业,其国有资本是指该企业所有者权益中国家应当享有的份额。2008年10月中华人民共和国第十一届全国人民代表大会常务委员会第五次会议通过的《中华人民共和国企业国有资产法》则采用了"企业国有资产"的称谓,该法规定:企业国有资产(以下称"国有资产"),是指国家对企业各种形式的出资所形成的权益。国有资产属于国家所有即全民所有。国务院和地方人民政府依照法律、行政法规的规定,分别代表国家对国家出资企业履行出资人职责,享有出资人权益。其中,国家出资企业,是指国家出资的国有独资企业、国有独资公司,以及国有资本控股公司、国有资本参股公司。由此可见,我国对"国有资产"和"国有资本"确实存在着混用的情况。但是,是否可以就此将"国有资产"和"国有资本"等同看待?

我们认为,国有资产与国有资本是两个不同的概念,两者不能等同看待,否则,就可能不适当地夸大国有资本监管的范围。所谓国有资产是指所有权属于国家的各类资产。按照通常对国有资产的划分,国有资产可以分为经营性国有资产、非经营性国有资产和资源性国有资产。经营性国有资产是指国家作为出资者在企业中依法拥有的资本及其权益。具体地说,经营性国有资产,指从事产品生产、流通、经营服务等领域,以盈利为主要目的,依法经营或使用,其产权属于国家所有的一切财产。经营性国有资产有以下几个特征:①运动性;②增值性;③经营方式的多样性。由于这部分国有资产一旦进入企业,就成为企业全部资本中特殊的构成部分,因此,从国有企业的角度来看,经营性国有资产实质上就是国家在企业中投入的国有资本。这也是为什么在前面列举的各项法规中对"企业国有资产"和"国有资本"似乎等同的主要原因。

但是,国有资产除了经营性国有资产之外,还有非经营性国有资产。相对于经营性国有资产而言,非经营性国有资产是指由各政府部门及其事业单位为完成日常行政工作或开展业务活动而占用,不投入到生产经营活动过程中的国有资产,即行政事业单位占有和使用的,以社会公益服务为目的国有资产。非经营性国有资产主要有以下几方面主要特征:①它用于国家公务和社会公益事业。即非经营性国有资产不投入商品生产经营,而投入公共产品生产,也就是用于国家的管理事务和国防事务以及社会性的教育、文化、卫生、福利等公益事业。②它具有非增殖性。即非经营性国有资产不作为资本来使用,也就是使用中不要求增殖,甚至不要求自行保值,而只表现为非生产性消费过程;但是,非经营性国有资产的使用应当追求社会效益,这就要求以有效、合理和节约使用为原则。③它一般由行政事业单位占用。即非经营性国有资产的特定用途和非增殖性,决定了只宜由以服务于社会公众而不具有营利目的为特征的国家机关、事业单位和社会团体占用;但是,我国许多国有企业由于历史原因肩负着本应由国家和社会承担的社会责任包袱,在其占有的国有资产中,有一部分实际执行着"企业办社会"的职能,理应视为非经营性资产。④它主要由行政配置。即非经营性国有资产主要通过财政拨款和行政划拨的方式进行配置,由行政事业单位无偿占用;同时,事业单位在一定条件下也可以通过特定创收活动而获得非经营性资产,这在一定意义上具有市场配置的性质,是对行政配置的补充。

除非经营性国有资产外,广义的国有资产还包括资源性国有资产。资源性国有资产是指有开发价值的国有自然资源,如土地、森林、矿藏、河流等。资源性国有资产一般具有下述主要特征:①有形性。即作为国有资产的自然资源只限于有形自然资源,也就是地表资源和地下资源,包括土地、矿藏、水流、森林、山岭、草原、滩涂等;空气、风力、阳光等无形资源则不包括在内。②有限性。即国有自然资源在范围、数量和供给方面都属于有限资源。范围有限，即国有自然资源只限于国家主权所及地域范围之内，并且地表资源只限于法定归农民集体所有的范围以外；数量有限，即国有自然资源在数量上既定，并且由于不可再生或再生过程缓慢而呈现递减趋势；供给有限，即国有自然资源的供给相对于社会对自然资源的需求而言，总是处于供小于求（又称稀缺）状态，并且，随着时间推移其稀缺性会越来越突出。③价值递增性。即国有自然资源的经济价值在总体上会呈现递增趋势。这是由自然资源的稀缺性程度不断提高和开发成本积累增多所决定的。④垄断性。即国有自然资源在事实上具有自然垄断性和在法律上具有国家垄断性。所谓自然垄断性，是指自然资源由于地理分布不均衡而在品种、数量和质量上都存在区域差异，就特定地区对特定自然资源的拥有而言，形成事实上的独占。所谓国家垄断性，是指许多自然资源在法律上专属国家所有，国家对自然资源的所有权不可转让。根据我国现行法律规定，除依法归农民集体所有的农村土地外，一切自然资源都归国家所有，换言之，除农村土地依法可以归农民集体所有外，任何公民和法人都不得对自然资源拥有所有权。这是自然资源的稀缺性、自然垄断性和社会化大生产的历史必然性，以及我国经济制度的社会主义本质所决定的。

由此可见，国有资产与国有资本是两个不同的概念，国有资产比国有资本的范围更广，而且主要是从国家的角度来进行定义。而国有资本的范围仅相当于国有资产中的经营性国有资产部分，且国有资本主要是从企业的角度进行界定的。

将经营性国有资产界定为国有资本的意义在于：第一，使企业的资本构成状况更易区分，有利于明晰产权关系。第二，国有资本只代表了国家对企业的全部或部分所有权，而其经营权属于企业而非国家，因此有利于区分所有权与经营权。第三，有利于政企分开，使政府专心于行政和社会职能，提高政府效率，而企业经营更符合市场的意志，使企业行为真正成为市场行为、经济行为，因而更有利于国有资本的保值和增值。

三、国资委监管的国有资本范围

由于国有资产分为经营性国有资产、非经营性国有资产和资源性国有资产三大类，而经营性国有资产既是国有资产管理的重点，又在管理上具有不同于其他两类国有资产的特殊性，因此，国务院专门成立了国务院国有资产监督管理委员会对中央企业的经营性国有资产实施监督管理，各地方政府也相应成立地方政府国有资产监督管理委员会，负责对地方国有企业的经营性国有资产实施监督管理。考虑到国家在金融类企业中的经营性国有资产管理上的特殊性，国家另外成立了银监会和保监会负责银行、保险企业中的经营性国有资产的监督管理。这样一来，国有资产监督管理委员会的监管范围主要是所属企业（不含金融类企业）的国有资产。以国务院国有资产监督管理委员会为例，其具体职能包括：

（1）根据国务院授权，依照《中华人民共和国公司法》等法律和行政法规履行出资人职责，指导推进国有企业改革和重组；对所监管企业国有资产的保值增值进行监督，加强国有资产的管理工作；推进国有企业的现代企业制度建设，完善公司治理结构；推动国有经济结构和布局的战略性调整。

（2）代表国家向部分大型企业派出监事会；负责监事会的日常管理工作。

（3）通过法定程序对企业负责人进行任免、考核并根据其经营业绩进行奖惩；建立符合社会主义市场经济体制和现代企业制度要求的选人、用人机制，完善经营者激励和约束制度。

（4）通过统计、稽核对所监管国有资产的保值增值情况进行监管；建立和完善国有资产保值增值指标体系，拟订考核标准；维护国有资产出资人的权益。

（5）起草国有资产管理的法律、行政法规，制定有关规章制度；依法对地方国有资产管理进行指导和监督。

（6）承办国务院交办的其他事项。在对国有资本监管体制进行深入研究之前，有必要对国资委监管的国有资产的范围进行探讨。国资委代表政府对企业中的国有资产实施监督管理依据的是政府对国有资产的所有者权能，但政府作为国有资产所有者的职能与政府作为社会管理者的职能是不同的。作为社会管理者，政府管理的范围不仅包括国有企业，而且还包括非国有企业，并主要依靠宏观经济和法律调控手段来促进国家产业政策的贯彻和实现社会经济发展目标，其主要职责是：①为企业的生存和发展创造基本条件，例如提供基础公共设施、建立社会保障制度等；②为企业制订基本的经济活动法律规则；③为各种企业创造一个平等的竞争环境，建立并完善各生产要素市场，促进社会经济资源的合理流动和优化配置。其管理的手段主要是通过制定法律、产业政策和运用经济杠杆等；而政府作为国有资产的所有者，其管理仅限于有国有资本金投入的企业，包括国有独资企业、国有资本控股企业和国有资本参股企业，无权以出资者身份参与那些没有国有资本金投入企业的管理。政府作为国有资产的所有者对国有企业行使的权力范围是由法律、法规及公司章程等决定的，在不直接干预企业经营的前提下，实现对经营者的有效控制，切实保障政府作为出资者的权益不受侵犯，其管理手段则主要是建立对接受出资者的激励和约束机制。因此，在探讨国有资本监管体制设计时，必须将上述两种职能区分开来，要把国有资产运营管理与行政管理区分开来，要注意防止以加强国有资产管理为名把本应属于政府社会管理和行政管理的内容也纳入国有资产管理中来，从而形成新的政资不分。

我们认为，在前述的三部分国有资产中，属于政府行使所有权管理的只应当是经营性国有资产和资源性国有资产。至于对行政事业单位中国有资产的管理则属于政府行使的社会管理职能，应当属于公共财政管理的范畴，不应纳入国有资产管理的范畴。但是，对于目前没有划归国资委管理的金融性国有资产，实质上属于政府作为国有金融资本所有者的管理，因而应纳入国有资本监管的范畴。而目前由银监会、保监会等履行的金融监管多属于政府行政管理职能，和国有资本监管具有质的区别。不应当以历史原因和金融管理的特殊性等将金融性国有资产排除在国有资本监管的范畴之外。因此，未来的国有资本监管应当包括政府行使国有资产所有权对经营性国有资产、资源性国有资产以及金融性国有资产的管理。考虑到我国目前的现实情况，下文的研究仍然以国有资产监督管理委员会仅监管所属企业（不含金融类企业）的国有资本为前提。

四、国有资本监管的分工、层次及研究重点

（一）国有资本监管的分工

十六大提出了"国家要制定法律法规，建立中央政府和地方政府分别代表国家履行出资人职责，享有所有者权益，权利、义务和责任相统一，管资产和管人、管事相结合的国有资产管理体制"，这标志着国有资产管理体制由"国家所有、分级管理"转变为"国家所有、分级代表"的新体制。在这种新体制下，代表国家具体行使国有资产监督管理权力的分别是中央政府和地方政府的国有资产监督管理委员会。

2003年4月5日，国务院审议通过成立国务院国有资产监督管理委员会，将其监管范围确定为中央所属企业（不含金融类企业）的国有资本。国资委直

接监管的 196 家（经过重组，到 2005 年底已减少为 169 家）国有大型企业，国有资本有 4 万多亿元。

2003 年 5 月，温家宝总理签发第 378 号国务院令，发布了《企业国有资产监督管理暂行条例》。条例规定：国务院代表国家对关系国民经济命脉和国家安全的大型国有及国有控股、国有参股企业，重要基础设施和重要自然资源等领域的国有及国有控股、国有参股企业，履行出资人职责。国务院履行出资人职责的企业，由国务院确定、公布。省、自治区、直辖市人民政府和设区的市、自治州级人民政府分别代表国家对由国务院履行出资人职责以外的国有及国有控股、国有参股企业，履行出资人职责。其中，省、自治区、直辖市人民政府履行出资人职责的国有及国有控股、国有参股企业，由省、自治区、直辖市人民政府确定、公布，并报国务院国有资产监督管理机构备案；其他由设区的市、自治州级人民政府履行出资人职责的国有及国有控股、国有参股企业，由设区的市、自治州级人民政府确定、公布，并报省、自治区、直辖市人民政府国有资产监督管理机构备案。该条例还规定：国务院，省、自治区、直辖市人民政府，设区的市、自治州级人民政府，分别设立国有资产监督管理机构。国有资产监督管理机构根据授权，依法履行出资人职责，依法对企业国有资产进行监督管理。企业国有资产较少的设区的市、自治州，经省、自治区、直辖市人民政府批准，可以不单独设立国有资产监督管理机构。按照《企业国有资产监督管理暂行条例》的要求，各省级地方政府在 2003 年以来陆续成立了省级国有资产监督管理机构。

2004 年，国务院办公厅发布了《关于设立市（地）级人民政府国有资产监督管理机构的指导意见》（国办发〔2004〕84 号），按照该意见各地市（地）级国有资产监管机构陆续建立，有些地方还积极探索县级国有资产监督管理的有效形式。到 2004 年 6 月，全国 31 个省级行政区域和新疆生产建设兵团的国有资产监督管理机构完成组建工作；到 2004 年 12 月底，全国 448 个市（地）中有 203 个成立了国有资产监督管理机构，占 45.3%，其中单独设立国资委的有 176 个。可以说，地方国有资产监督管理机构的重新组建，标志着地方国有资产管理体制改革已进入一个新的阶段。

（二）国有资本监管的层次

由于存在国有资本的企业数量众多，分布广泛，因此，中央政府和地方政府的国资委难以对存在国有资本的所有企业实行直接管理，在国资委和有国有资本投入的企业之间必须设立"中介人"——国有控股公司或资产经营公司，让"中介人"直接行使对存在国有资本投入企业的出资人职能，通过资本经营实现国有资本的保值、增值。国资委则主要对"中介人"资本经营和实现国有资本保值、增值的情况进行监管。郑海航等 2005 年提出：各级国资委面对几十万家国有企业，仅靠国资委显然是不行的，必须利用国有控股公司这一组织形式来实现国有资产管理体制改革和国有企业改革的目标。因此，对企业国有资本的监管就形成了国资委——国有控股公司——国有企业三个层次。新型的国有资本监管体制需要在划分中央政府和地方政府国有资本监管的基础上，分别国资委和国有控股公司两个层次进行具体设计。

（三）国有资本监管体制改革与国有控股公司监管模式研究的重点

在明确国有资本监管的范围、分工和层次的基础上，我们将在分析借鉴国内外国有资本监管的先进理念和成功模式基础上，重点对地方政府对国有资本的监管问题进行研究。对地方政府对国有资本的监管研究将按两个层次展开：一个是地方政府国资委层次；另一个是国有控股公司层次。

地方政府国资委层次的研究主要包括：地方政府国资委与其他政府行政管理部门的权责划分问题、地方政府国资委与国有控股公司及有国有资本投入的企业之间的权责划分问题。

（1）地方政府国资委与其他政府行政管理部门的权责划分问题实质上是政府国有资本管理职能与政府的社会行政管理职能的分离问题，即如何实现政资分离、政企分开的问题。应当将属于出资人的权力全部归还国资委，使国资委真正成为权利、义务、责任相统一、管资产（本）、管人与管事相结合的主体。

（2）地方政府国资委与国有控股公司及有国有资本投入的企业之间的权责划分问题实质上是处理所有权与经营权的关系问题。地方政府国资委对国有控股公司、有国有资本投入企业的管理凭借的是出资人的所有权，而不是行政管理权力，必须遵循《公司法》的规定和现代企业制度的基本原则，要避免国资委对国有控股公司和有国有资本投入企业的直接干预，形成新的政企不分。

国有控股公司层次的改革和研究主要围绕运营和监管两方面的内容进行。在新型的国有资产管理体制中，国有控股公司具有双重身份，相对于国资委来说，它们是受托（授权）经营者，负有经营者的义务；但相对于有国有资本投入的企业来说，它们又是直接的出资人，行使着出资人的职能。而作为出资人和作为经营者其职能是有区别的。作为出资人其主要职能是重大决策、激励、约束和监督，以间接管理为主；而作为经营者其主要职能则是计划、组织、协调和控制，以直接管理为主。在该层次的研究中，权责划分已不是主要问题，有关法律、法规已对此做出了明确规定。关键问题在于如何实现，即运行机制和监管模式。

（1）国有控股公司运营模式研究；包括国有控股公司组织形式选择、组织机构设置、决策机制、预算管理和内部控制制度的建立、资本运作途径和方式等。

（2）国有控股公司监管模式研究；包括国有控股公司对有国有资本投入企业的分类（全资、控股、参股）、不同类别企业监管范围、监管主体安排、监管方式选择和监管制度制订等。

五、地方政府国有资本监管的目标定位和国有经济布局和结构调整的现状

（一）地方政府国有资本监管的特点和目标定位

虽然党的十六大提出由中央和地方政府分别代表国家履行出资人职责，但是，地方政府的国有资本监管与中央政府的国有资本监管具有较大的差异，如果不注意地方政府国有资本监管的特点，盲目照搬中央政府国有资本监管体制改革的思路和做法，势必将地方政府国有资本监管体制的改革引入歧途。

地方政府国有资本监管的最大特点就是其监管的国有资本分布十分分散，而且它们在国民经济中的作用、所处行业的性质也有别于中央政府所监管的那部分国有资本。根据《中国会计年鉴2005》公布的统计资料，2004年底全国国有企业、中央国有企业和地方国有企业的国有资产分布情况见表5-1。

表5-1　　2004年国有企业户数、国有资产数量统计

项目	全国国有企业	中央国有企业	地方国有企业
汇编企业户数（万户）	13.63	1.94	11.69
资产总额（合并）（亿元）	215602.30	108646.90	119721.10
负债总额（合并）（亿元）	124830.70	58025.20	79570.80
所有者权益总额（合并）（亿元）	76763.20	42645.10	34118.10
国有资产总额（亿元）	77345.60	44811.19①	32534.41②

资料来源：《中国会计年鉴2005》。
①根据全国国有企业该项指标汇总数减去地方国有企业该项指标汇总数得到。
②根据各省地方国有企业该项指标数汇总计算得到。

2004年底全国地方国有企业的国有资产在各地方的分布情况见表5-2。

表5-2　　2004年全国地方国有企业资产总额、净资产总额及国有资产总额

地区	户数（户）	资产总额（亿元）	净资产总额（亿元）	国有资产总额（亿元）
北京	4656	8391.84	2481.99	2202.49
天津	4377	5009.30	1703.26	1504.01
河北	5363	3983.82	976.02	1090.47
山西	5167	4013.04	1147.48	1060.06
内蒙古	1442	1789.70	476.74	372.09
辽宁	4422	5303.48	1132.02	1237.32
吉林	2787	2295.06	219.06	473.14
黑龙江	5073	2937.54	342.85	716.65
上海	11478	14876.05	4839.93	4625.83
浙江	4474	6575.92	2170.67	1778.20
江苏	4312	6360.51	1869.59	1599.64
安徽	2697	3744.00	1110.64	592.13
福建	4422	3219.87	1122.55	1164.52
江西	2662	1938.20	438.78	498.66
山东	5418	8081.05	2131.90	1843.18
河南	6538	4490.84	1171.42	1042.32
湖北	2845	3043.74	633.48	701.63
湖南	3795	2789.76	684.08	688.97
广东	8513	11303.03	3446.75	3505.37
海南	1310	426.05	118.42	144.04
广西	5081	2398.91	945.24	924.43
贵州	2790	1850.03	569.92	518.44
四川	3030	3834.94	1242.53	870.51
重庆	2007	2772.85	918.49	1009.12
云南	2555	2206.33	677.25	612.15
陕西	4183	2614.80	589.44	790.19
甘肃	2354	1497.02	414.71	391.03

续表

地区	户数（户）	资产总额（亿元）	净资产总额（亿元）	国有资产总额（亿元）
青海	546	429.45	105.61	94.60
西藏	454	166.35	89.69	58.26
宁夏	583	505.48	144.06	153.63
新疆	1572	872.18	203.49	271.34

注：辽宁、浙江、福建、山东和广东省的数据包含计划单列市。
数据来源：《中国会计年鉴2005》。

由此可见，截至2004年底，地方政府监管的国有资本分布的企业数量仍然接近12万户，其分布十分广泛，所处的行业多是一般竞争性行业。以青岛市为例，截至2003年底，青岛市拥有经营性国有资产约330亿元，主要分布于37个行业、1480户市属国有及其控股、参股企业，其中，90%以上都是属于竞争性行业，真正关系国计民生的很少。

对全国各级地方政府来说，面对十几万户处于一般竞争性行业的国有企业和数万亿元的经营性国有资产，其国有资本监管的目标定位应是什么？这是各级地方政府探索国有资本监管体制改革时必须思考的一个问题。

本书认为：鉴于地方政府监管的国有资本具有分布广且多分布在一般竞争性行业的特点，由地方政府直接对每一个有国有资本投入的企业进行监管既不可能，也无效率。只有把推进国有经济布局和结构的战略性调整作为地方政府国有资本监管的首要目标，与地方经济发展战略相配合，通过资产重组、资本运营等多种方式将国有资本从一般竞争性领域中逐渐退出，转向涉及国计民生和关系地方经济命脉的支柱产业，或根据人大的审批，从经营性国有资产中退出，转化为非经营性国有资产，用于公共财政支出。具有来说，地方政府国有资本监管的目标如下：

1. 着眼于国有经济布局和结构的战略性调整

地方政府国有资本监管应注重从整体搞好国有经济和更好地发挥国有经济的主导作用，有进有退，加强重点，注重质量，优化结构，把调整国有经济布局同产业结构的优化升级和所有制结构的调整以及推进城市化进程结合起来，推动国有资本向国民经济的关键领域和重要行业集中。一般来说，国有资本需要控制的行业和领域主要包括：金融等事关经济命脉的领域；邮政、电信、交通、电力、重大水利设施、城市主要公益设施等提供重要公共产品和服务的行业；烟草、食盐、粮食批发储备等国家专营性行业；高新技术产业及其他产业中的优势骨干企业。其他一般竞争性行业，要加大结构调整和资产重组力度，遵循市场经济原则，公平竞争，优胜劣汰。

2. 实现国有资本的保值增值

实现国有资本保值增值，保证国有经济持续稳定地发挥主导作用，是地方政府国有资本监管应树立的根本目标。要通过国有资本监管实现"资产调优、规模调大、主业调精、产品调高、整体调强"的良性循环，使企业法人治理结构日趋完善、市场主体地位更加清晰、核心竞争力明显增强，对重要行业和关键领域中国有资本对社会资本的引导能力增强，国有资本的运作效率和营利能力得到提升。

（二）国有经济布局和结构调整的现状

自党的十五大和十五届四中全会提出从战略上调整国有经济布局和结构以来，中央一直都加快国有经济布局和结构的战略性调整作为国有资产管理体制和国有企业改革的中心任务进行部署。但是，国有经济布局和结构战略性调整的任务却十分艰巨，国有经济布点过多、过广的问题仍然十分突出，从表5-3、表5-4的统计资料不难看出这一点。

表5-3　　2002—2006年全国国有企业国有资产总额按产业性质分布的比重

行业性质	2002年	2003年	2004年	2005年	2006年
竞争性行业（%）	39.56	39.94	40.75	37.9	38.26
非竞争性行业（%）	60.44	60.05	59.25	62.1	61.74

注：表中数据根据财政部企业司《2002—2006年企业财务会计信息摘要》整理。

表5-4　　2002—2006年全国国有企业户数按产业性质分布的比重

行业性质	2002年	2003年	2004年	2005年	2006年
竞争性行业（%）	77.65	76.88	74.82	72.65	71.01
非竞争性行业（%）	22.35	23.12	25.18	27.35	28.99

注：表中数据根据财政部企业司《2002—2006年企业财务会计信息摘要》整理。

由上可见，2002—2006年，全国国有企业国有资产总额分布在竞争性行业的比重均在37%以上，全国国有企业分布在竞争性行业户数的比重均在71%以上，这两个数字的居高不下说明：国有资本在垄断及公益性等非竞争性行业的集中度不够,实现国有经济的结构和布局战略性调整的目标任重道远。

六、地方政府国资委层面国有资本监管体制改革

(一)地方政府国资委层面国有资本监管体制改革面临的主要问题

地方政府国资委层次的研究主要围绕纵横权责的划分问题展开。横向上,主要是地方政府国资委与其他政府行政管理部门的权责划分问题;这不仅涉及如何处理地方政府行使的国有资本出资人权力与地方政府行使的社会管理职能的关系,又涉及地方政府国资委是否要行使与国有资本出资人所有权相关的全部权能;纵向上,主要是地方政府国资委是采取直接管理的方式还是间接管理的方式以及在各种方式下其权责的划分问题,即如何恰当地处理地方政府国资委行使的国有资本出资人所有权与国有控股公司或有国有资本投入的国有企业的经营权之间的关系问题,要有效避免国资委对国有控股公司和有国有资本投入企业的直接干预,形成新的政企不分。

(二)地方政府国资委层面国有资本监管体制改革的原则

1. 因地制宜地推行地方政府国有资本监管体制改革,不要搞"一刀切"

地方政府国有资本监管体制的设立,要依据本地区国有企业在国民经济中的地位、作用,国有企业的行业分布特点、规模,国家经济管理体制等多种因素而定,要做到三个"有利于":一是要有利于提高地方政府国有资本的运营效率;二是要有利于降低地方政府国有资本的监管成本;三是要有利于发挥地方政府国有资本的功能和作用。因此,在国有资本监管体制改革的过程中一定要充分考虑我国的国情及本地区国有资本的具体情况,既不能盲目效仿国外的模式和做法,也不宜简单照搬其他地区的经验和做法。

2. 地方政府国有资本监管要贯彻分类管理原则

投入到不同领域的国有资本进而形成的国有企业,执行的功能和目标有巨大差别,因此,国有企业的管理方式、国有资本运营效率的衡量标准应有所区别。经营性国有资本主要有两类:一类处于政府功能领域,包括国家安全领域、公共产品领域、自然垄断领域和国民经济支柱、主导产业;另一类处于竞争性领域,如一般工商业领域。对不同领域的国有资本,管理目标是不一样的。分布于政府功能领域的国有资本,社会目标居于优先地位,盈利目标居于次要地位,政府对这一领域的投资,在一定程度上可以视为提高社会整体福利的支出;

分布于一般竞争性领域的国有资本，盈利目标和资产安全则居首要地位。可见，这两类国有资本很难按统一的规则进行运作。而且，把这两类性质不同的国有资本混在一起，也不利于地方政府对国有资本的经营业绩进行准确考核。因此，对这两类不同的国有资本，应该实施两种不同的管理体制。

（三）地方政府国资委层面国有资本监管体制改革的主要模式

从目前各地国资委的改革情况来看，地方政府国资委层面国有资本监管体制改革主要可以归结为两种模式：一是纯粹的监督管理模式，另一种是监督管理与运营部分合一的模式。

1. 纯粹的监督管理模式（三层架构模式）

大部分地方国资委目前实行的基本都是纯粹的监督管理模式。在管理方面，主要是代表相应的政府履行出资人职责，也就是《公司法》中股东的职责，履行资产收益、重大决策和选择管理者的权利，以实现管资产和管人、管事的有效结合，具体职责体现为：指导推进国有及国有控股企业的改革和重组，依照法定程序对所出资企业的负责人进行任免、考核，通过统计、稽核等方式对企业国有资产的保值增值情况进行监管。在监督方面，主要是向所出资企业中的国有独资企业、国有独资公司派出监事会，对企业财务进行监督，定期检查或核实企业的财务状况、生产经营状况和国有资产保值增值状况。

纯粹的监督管理模式实现了监督管理职能与运营职能的彻底分离，在"三层架构"管理体制下是较为可行的监管模式，但在目前国有经济布局和结构战略性调整过程中，纯粹的监管模式可能难以充分发挥出资人的职责。

2. 监督管理与运营职能部分合一的模式（两层架构模式）

对于监管国有资产规模庞大的国资委，由于诸多因素的限制，纯粹的监督管理模式不可避免会发挥其优势作用，但对于资产规模中等或较小的国资监管机构，则有可能阻碍了其所出资企业运营效率的提高，由于内部人控制及其道德风险的存在，也会出现二三级企业发展受阻和国有资产的流失。

由于地方国资委所监管的国有资产规模、范围及其功能等存在很大差异，所以针对纯粹监督管理模式的缺点，有的地方国资委积极创新，逐步实行监督管理与运营职能部分合一的模式。

在这方面，深圳市国资委根据自身的实际情况率先进行了尝试，将14家上市公司中的9家公司直接划归深圳市国资委直接监管，由国资委履行出资人职责，集国资委的监管与运营于一体，将原来的"三级架构"变为"二级架构"

与"三级架构"并存的格局。北京市国资委根据其监管资产的现实,在医药集团的重组改制中,也积极推进监督管理与运营职能部分合一的模式,由国资委直接持有 20% 股权。上海市国资委也积极利用整体上市等举措,尝试国资委直接持股。上海国际港务(集团)股份有限公司(以下简称"上港集团")以吸收合并方式合并 G 上港,实行整体上市,就蕴含着上海市国资改革重大的体制创新——国资委作为股东,直接持有上市公司股份。此前,上港集团在 2005 年进行股份制改制时,由国资委直接持股做大股东(国资委占 50% 股份),现在上港集团整体上市后,上海市国资委走上了前台。

目前实行的监督管理与运营职能部分合一模式不仅被众多地方国资委所认可,而且在现实中也充分发挥了其出资人各项权利、义务的履行,这种模式存在着许多优势,一是有利于从总体上减少了管理层级,体现扁平化的管理思想,降低监管成本;二是有利于进一步防范企业风险,减少国有资产的流失,三是有利于国资监管机构从总体上调整国有经济布局和结构,实现国有经济的战略性调整。

(四)地方政府国资委层面国有资本监管体制改革的未来趋势

从国有资产占 GDP 的比重来看,国外发达国家的国有资产比例与我国大多数地方(省级)国资委所监管的国有资产比例有很大的相似性,而且随着国有资产在竞争优势弱、营利能力不强的领域逐步退出,这个比例将逐渐接近,因此,许多国外的国有资产监管模式对地方政府国资委的借鉴意义可能更大。

从国外国有资产的监管模式看,在许多西方国家国有资产监督管理机构也实行了监管职能与运营职能的合一,如英国政府通过国有企业局管理和运作国有股权,国有企业局在建立初期从工业部手中接管了政府在 8 家公众公司中拥有的股权,以后又购买了 42 家企业的股票。对于监管职能与运营职能的合一模式,国有企业局是通过选派产权代表和股东大会表决等方式,对其出资的企业行使出资者所有权,但不直接干预企业的生产经营活动。

在处理国家与国有企业的关系方面,国外国有资产管理体制的基本原则是既保证国家对企业的所有权和领导权,又要保证企业拥有一定的经营自主权,如法国模式,但对于监督管理职能和运营职能是采取"分离"还是"合一"模式,各个国家根据其国有资产的规模、范围都采取不同的形式。

两层次模式代理环节少,管理链条短,国有资本管理机构可以较好地行使所有者权力,但对国有资本管理机构要求高,搞不好会对国有企业形成新的行政干预；三层次模式实现了国有资本监管的政企分开，有利于国有资本运营的专门化和加强监管力度，但委托—代理环节较多，管理链条长，不利于加强出资人所有权，而且中间层公司还有可能成为新的行政干预主体。实践中就存在国有资本运营机构（第二层）对出资企业干预过多的问题。将来采用何种模式不宜强求，而应因地制宜，因企制宜。

尽管国内各地方政府国资委在设立初期，大多实行三层监管模式，但随着国有经济布局和结构的战略性调整，地方政府国资委所监管的一级国有及国有控股企业的数量在不断减少，同时对经营环节和链条的削减以及主业改制、辅业分离的效果显现使二三级及以下企业的数量也大幅降低。国有企业数量的降低使地方政府国资委有可能逐步实行集运营与监管于一体的监管模式，如果所出资企业数量继续减少，则可以单独成立一个资产经营公司即可，所以地方政府国资委的监管、运营模式与其所监管的企业数量密切相关。

由于我国各地方政府代表国家履行出资人职责的国有资产的规模、数量存在很大的差异性，因此对于监督管理职能和运营职能究竟采取何种模式应该没有统一的范式，地方国资委的监管与运营职能模式应结合所出资企业的规模和数量进行动态调整，也就是说，随着国有经济布局和结构的战略性调整以及所出资企业数量的减少，地方国资委应该由现在的监管职能和运营职能的分离，到逐步实行监管职能和运营职能部分分离和部分合一，最终达到实行监管职能与运营职能完全合一的模式，即"监管职能和运营职能的分离""监管职能和运营职能部分分离和部分合一""监管职能和运营职能完全合一"的监管运营模式。但对于这三种模式的切换时间，从管理的一般原理及国外的经验来看，有效的控制跨度要求合理的层次、结构和规模，这主要取决于所出资企业的现实状况以及国有经济布局和结构战略性调整的进程。此外，还需考虑所监管的国有资本的性质。对于公共产品、准公共产品以及发挥国有经济带动性的领域，地方政府国资委可以采取"两层架构"，实行管理和营运职能的统一，以有利于强化管理，实现集中控制；对于一般性竞争领域，则应针对具体情况区别对待，对于竞争优势明显、营利能力强、运营效率高的国有控股企业可以采取"两层架构"，由国资委直接作为出资人，强化运营层面的监管，但对于剩余的其他企业，可以通过组建若干个国有资产经营或投资公司的形式，实行"三层架构"，同时随着这些企业的调整和重组情况，逐步实现向"两层架构"的过渡。

七、国有控股公司层面的国有资本监管模式选择

（一）国有控股公司的组建方式

国有控股公司是介于国有资产监督管理委员会与国有企业之间的纽带和桥梁，是从事国有资本经营的独立法人，是国有资本所有者的具体代表者，对国有企业（含国家独资、控股、参股等拥有国有资本的各种企业）行使所有者权能。

国有控股公司的组建方式主要有以下三种类型：

（1）通过对企业集团核心企业的国有资产授权经营组建国有控股公司；以青岛市为例，市政府对部分企业集团实行了国有资产授权经营改革，即将集团核心层成员企业中的国有资产授权核心企业统一经营，并按母子公司体制重构企业集团内部产权关系。青岛市此类国有控股公司包括以上市公司为核心企业的集团和为国有独资或控股企业核心企业的集团两大类别，前者主要有海尔、海信、青啤等，后者则包括交运、青钢、海湾集团等。

（2）通过对政府行业主管部门的机构改革，组建国有控股公司；例如，青岛益青实业总公司、青岛市纺织总公司和青岛市二轻总公司都是按照在原来的一轻局、纺织局、二轻局等基础上组建的。

（3）通过投资体制改革组建国有控股公司。地方国有投资公司是国有资本市场化运作的组织形式，主要是指以经营国有经营性资产，从事政府产业开发投资的地方国有企业，目的是集中资金保证国家重点建设，加强资金回收，实行滚动发展。另外地方国资管理的还有一个重要方向就是基础设施，如绿地、城建、水利、铁路等。以青岛市为例，青岛市国资委先后组建了主业突出清晰的三大投资集团："国信、华通、城投"，即青岛国信发展（集团）有限责任公司、青岛华通国有资本运营（集团）有限责任公司、青岛城市建设投资（集团）有限责任公司，实行错位经营，为投资类企业更好地发挥在全市经济社会建设中的投资主体作用奠定了基础，并由该公司作为国有资本出资者代表，用国家资本金对国家大中型建设项目进行参股投资，以明晰国有产权关系，促进投资形成的国有资本保值增值。

（二）国有控股公司的行业分布、规模及运营状况

由于各地方政府监管的国有资本规模、行业分布等有较大的差异，因此，各地方政府设立的国有控股公司的规模、行业分布、所监管企业的规模、运营

状况等也存在较大的差异。以几个计划单列市国有控股公司的调研情况为例说明见表5-5至表5-10。

表5-5　　　　　2007年地方国有控股公司行业分布情况

项目	大连	青岛	厦门	深圳	宁波
非竞争性行业国有控股公司比重（%）	21.9	35.7	55	66.7	71.4
竞争性行业国有控股公司比重（%）	78.1	64.3	45	33.3	28.6

数据来源：各地国资委网站公开发布的信息分类整理所得。

表5-6　　　2006年地方国有控股公司平均每户国有资产额　　单位：亿元/户

城市	大连	青岛	厦门	深圳	宁波
每户规模	40	53	72	89	106

数据来源：各地国资委网站公开发布的信息分类整理所得。

表5-7　　　2002—2006地方国有企业平均每户国有资产额　　单位：亿元/户

年份 城市	2002	2003	2004	2005	2006	平均增长率
青岛	1.098	1.357	1.599	1.928	2.115	17.8
大连	1.184	1.172	1.303	1.604	2.231	17.2
厦门	1.050	1.311	1.495	1.693	2.291	21.5
宁波	1.385	1.759	2.123	2.676	3.599	27.0
深圳	2.772	3.423	2.982	3.581	4.301	11.6

数据来源：财政部企业司编《2002—2006年企业财务会计信息摘要》。

表5-8　　　2002—2006年地方国有企业总资产收益率排序　　单位：%

名次	2002	2003	2004	2005	2006
1	深圳（4.3）	深圳（4.9）	深圳（5.2）	深圳（5.3）	深圳（6.0）
2	宁波（3.1）	宁波（3.2）	宁波（4.3）	宁波（3.8）	青岛（3.8）
3	青岛（2.9）	厦门（3.1）	厦门（3.1）	厦门（2.9）	宁波（3.5）
4	厦门（2.7）	青岛（2.9）	青岛（2.4）	青岛（2.9）	厦门（3.2）
5	大连（1.3）	大连（1.7）	大连（1.9）	大连（1.7）	大连（2.5）

数据来源：财政部企业司编《2002—2006年企业财务会计信息摘要》。

表 5-9　　2002—2006 年地方国有企业净资产收益率排序　　单位:%

名次	2002	2003	2004	2005	2006
1	深圳（3.8）	深圳（6.0）	深圳（6.6）	深圳（6.5）	深圳（5.8）
2	厦门（3.3）	厦门（4.6）	宁波（6.3）	宁波（6.3）	厦门（5.7）
3	宁波（3.2）	宁波（3.7）	厦门（5.0）	厦门（5.3）	宁波（5.4）
4	青岛（2.9）	青岛（3.1）	青岛（2.9）	青岛（2.1）	青岛（4.0）
5	大连（-3.0）	大连（-2.0）	大连（-2.5）	大连（-2.3）	大连（-0.3）

数据来源：财政部企业司编《2002—2006 年企业财务会计信息摘要》。

表 5-10　　2002—2006 年地方国有企业盈利面排序　　单位:%

名次	2002	2003	2004	2005	2006
1	深圳（77.5）	宁波（68.7）	宁波（66.3）	宁波（65.1）	宁波（65.0）
2	宁波（65.4）	深圳（63.2）	深圳（60.2）	深圳（62.3）	深圳（63.3）
3	厦门（60.0）	厦门（54.0）	厦门（56.3）	厦门（57.8）	厦门（61.8）
4	青岛（51.6）	青岛（51.4）	青岛（49.7）	青岛（51.4）	大连（52.0）
5	大连（46.2）	大连（46.4）	大连（45.4）	大连（47.9）	青岛（50.5）

数据来源：财政部企业司编《2002—2006 年企业财务会计信息摘要》。

（三）国有控股公司层面国有资本监管存在的主要问题

1. 国有独资控股公司的"老板"加"婆婆"身份，在一定程度上阻碍了国有资产运作效率的提高

为了减少改革的阻力，许多国有控股公司都是由原行业主管部门改组而成的，也就是常说的"翻牌公司"。在改组以前，行业主管部门是企业的"婆婆"，翻牌以后，它摇身一变成了企业的"老板"。实践表明，这种"老板"加"婆婆"的国有控股公司难以真正实现政企分开、产权明晰的国有企业改革目标。而按地区、行业设置的国有控股公司本身又带有条块分割的行政意味，不可避免地对国有资本跨地区、跨行业的流动产生阻滞效应。

2. 地方国资委与国有控股公司之间的授权经营关系难以形成国有股公司真正的市场主体身份

由于地方政府与地方国资委是政治授权关系，地方国资委与国有控股公司是行政授权关系，而国有资产保值增值的考核对象为国有控股公司，这必然导致国有控股公司会强化对所属公司控股意愿，尤其是对经营业绩较好的国有企业，从而阻碍非国有资本参与重组的意愿。同时，大多数国有控股公司在组织

形式上所采取的国有独资公司组织形式则进一步加剧了这种效应,使地方政府国有资本运营和监管形成了一种画地为牢的格局,这势必影响国有经济布局和结构战略性调整的步伐。

(四)国有控股公司层面国有资本监管改革的新思路——推行国有控股公司投资主体多元化

国有控股公司投资主体多元化的必要性:

(1)国有控股公司投资主体多元化是推进国有经济布局和结构的战略性调整的必然选择。现行国有资本管理体制对国有经济布局和结构的调整要依靠国有独资的控股公司面向众多的有国有资本投入企业进行资本运作来完成。且不说国有独资的国有控股公司实施调整的动力如何,仅从调整方式来看,其采取的是逐个企业或"由点到面"的调整方案。对一个企业的破产、兼并重组、出售或部分出售等只能解决该企业中的国有资本退出或调整问题,这种调整方案显然缺乏战略性,不仅调整效率较低、交易成本重复发生,而且调整过程中国有资产流失的可能性也要高得多。地方政府现行国有资本监管体制还存在着政府作为出资人的权利和政府行政管理的权利交错、政资不分、权责不清以及受托运营国有资本的国有独资控股公司的准政府行为等问题。

国有经济结构布局和结构战略性调整步伐缓慢也证明了地方政府国有资本监管体制市场化改革没有真正到位,投资主体多元化改革基本上停留在国有企业这一微观层面,还没有深入到国有控股公司这一中观的层面。因此,不论是为了进一步完善社会主义市场经济体制,还是为了加快国有经济布局和结构战略性调整的步伐,都应当将投资主体多元化的改革引入国有控股公司层次。在国有控股公司层次推行投资主体多元化,以具有多元化投资主体的国有控股公司作为国有经济布局和结构战略性调整的实施主体,有利于加强国有控股公司的资本运作,促进地方政府所监管国有资本的跨地区、跨行业流动,从而达到加快整个国有经济布局和结构战略性调整的目标。

(2)国有控股公司投资主体多元化是催化国有资本深层改革多重连锁效应的重要手段。国有控股公司投资主体多元化改造的成功将整体性、全面性地推动国有资本改革的深化和发展,并将产生多方面的连锁效应:

资本高层集中产生"引资效应"。国有控股公司投资主体多元化的意味着国际资本、民间资本或其他社会资本的大量进入,意味着国有控股公司资本金的大规模增加。在以货币资金购买产权的条件下,就会带来国有控股公司货币资金的大大增加。这就为国有控股公司高层次、战略性资本运作和实业投资奠定了资金基础。

经营机制根本转换带来"引制效应"。在国有控股公司这一国企最高层面上引进大量的外来资本、实行混合所有制改造,将整体性地改变国有企业系统的产权结构,从而为自上而下、根本性地转换企业经营机制奠定了制度基础。集团公司应以所有制改造为契机,引入外资企业、民营企业的有效机制,实现经营机制的根本性转换。具体主要表现为,在企业经营者任免机制、企业目标机制和企业激励、约束机制等方面实现转换或改善。

高级人才集聚形成"引智效应"。改革至今,虽然有关部门已经开始公开向海内外招聘国企经营者以及其他高级专业人才,但是鉴于国企制度和国资管理的"围墙",鲜有高级外部人才进入,而且即便外部人才进入了"圈内",也难以充分施展手脚。国有控股公司的混合所有制改造的必然结果就是,外资股东、民间资本股东或其他社会资本股东的进入。这些股东有不少本身就是杰出的企业家,同时股东们也会给集团公司带来一些精通技术、精通管理或精通国内外市场贸易的企业高级专业人才。由此,国有控股公司可能成为高级专业人才的集聚地,这对控股集团公司的发展同样具有重要的战略性意义。

(3)国有控股公司投资主体多元化是将国有控股公司塑造成合格的市场竞争主体的重要途径。推行国有控股公司投资主体多元化改革,更为重要意义在于将国有控股公司改造成为一个混合所有制的法人主体,已不再是具有特殊法律地位的国有独资公司。原来为数众多的国有企业中的国有资本一下子转变为国有控股公司的法人资本,由于国有控股公司已不再是国有独资性质,因此,由国有控股公司所持有的国有资本从性质上演变为法人资本,不再属于国有资本(也不属于国有法人股),而整体演变为非国有资本,从而使原来分散在众多国有企业中的国有资本脱胎换骨为非国有资本。国有资本的监管也从整体上提升了一个层次,实现了国有资本管理战线的全面收缩,即由原来国有控股公司对为数众多有国有资本投入企业的监管为主提升为由地方政府国资委直接对少数的国有控股公司监管为主,真正体现了国有资本监管的"抓大放小"。同时,国有资本控股公司层次投资主体多元化将国有控股公司塑造成为一个真正意义上的市场主体,成为原来有国有资本投入企业的"真老板",从而使原来为数众多国有企业中出资人不能真正到位的问题得到彻底解决,为微观层次的企业治理和运作提供了良好的制度环境。通过投资主体多元化能够提高国有控股公司的经济实力,增强其市场竞争能力,发挥在地方国有经济的主导作用,从整体上搞活国有经济,进而带动地方经济的全面发展。

(4) 国有控股公司投资主体多元化是全面收缩地方政府国有资本阵线的需要。实行国有控股公司投资主体多元化改革,国有资本监管机构将成为具有多元化投资主体的新型国有控股公司的一个股东,只能依据《公司法》与其他机构投资者、企业法人及社会公众投资者共同享有出资人的权利,这有助于彻底消除国有资本监管机构的政府机构色彩,彻底实现政府作为出资人的权利与政府作为社会行政管理者的权利的分离。同时,国有控股公司投资主体多元化后,使国有资本管理体制简化为"地方国资委—具有多元化投资主体的国有控股公司"两个层次,实现了国有资本监管阵线的全面收缩。地方政府国有资本监管机构作为出资人直接对少量的国有控股公司进行监管,不仅提升了国有资本运作的层次,而且可以大大提高国有资本监管效率。推行国有控股公司投资主体多元化后地方政府国有资本监管体制如图5-1所示。

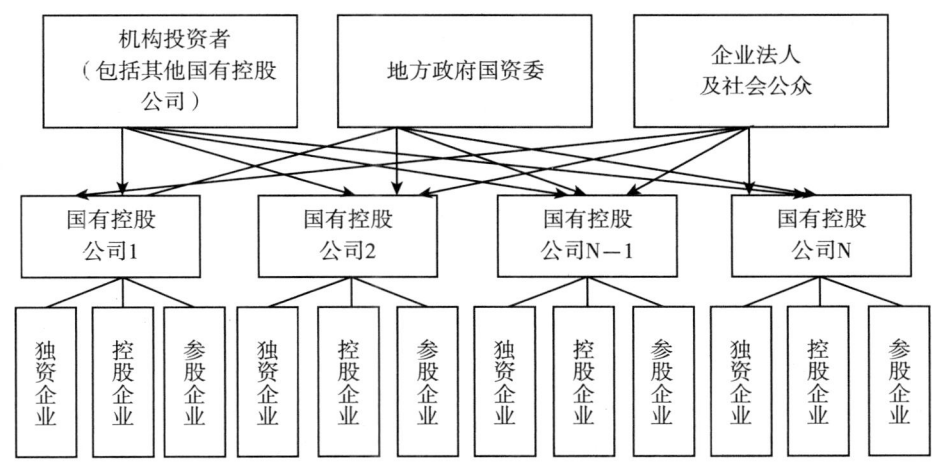

图 5-1 推行国有控股公司投资主体多元化改革后地方政府国有资本监管体制

第六章　国家出资者对国有企业的会计监督：理论与模式

会计监督是会计的基本职能之一，这已为我国会计学界所公认，也是中国会计的一大特色。随着社会主义市场经济和现代企业制度建立，国家作为国有企业出资者职能和国家作为社会管理者和宏观经济调控者职能的分离，国家出资者对国有企业如何进行会计监督又成为新形势下国有企业改革的一大难题，并成为当前会计理论研究和会计改革的前沿问题。

一、会计监督的概念

"会计监督"是新中国成立以后逐渐形成的一个名词。张以宽在其撰写的《再谈财会监督》（刊于《大众会计》1958年7月号）一文中提到："在我个人的记忆里，财会监督的提法是在全国解放以后才有的。"葛涛在其撰写的"匕谈财务、会计的'监督'问题"（刊于《大众会计》1958年9月号）中也提到："财会工作'监督'名词的由来，是新中国成立以来，搬自苏联的……在抗日战争和解放战争时期，我国解放区的财会工作向来也没有提出过'监督'二字"。但在20世纪60年代以前，"会计监督"只是被作为会计的任务或作用来探讨[①]，并没有将其作为会计的职能来探讨。到了20世纪60年代初期，围绕着会计职能的讨论，我国会计理论界对会计监督展开了热烈的讨论。受马克思关于簿记是"过程的控制和观念总结"的启发，有人把会计的职能概括为"反映"和"监督"，这种概括逐渐得到了人们的认同，并在1985年颁布的《中华人民共和国会计法》（以下简称《会计法》）中以法律的形式对其给予了肯定，"会计监督"这一名词也因而广为流传。

---

① 葛家澍，吴水澎．建国以来会计基本理论文章摘编[C]．天津：天津人民出版社，1983：51．

那么，什么是会计监督？以往一般认为，会计监督是"经济监督的一种，企业、机关、事业单位或其他经济组织的会计机构和会计人员通过会计工作对本单位经济活动的合规性、合法性和合理性进行的监督"。其监督内容包括："（1）原始凭证的真实性和合法性，及其记载的准确性和完整性；（2）实物和款项符合账簿记录；（3）一切收支符合国家统一的财政和财务制度的规定。"这一解释在相当长时期内代表了大多数人特别是从会计职能的角度来阐述会计监督的人的观点。其主要特点是把会计监督理解为会计机构和会计人员所履行的一项职责，监督主体是会计机构和会计人员，监督客体是企业、机关、事业单位或其他经济组织，监督对象是本单位的经济活动或资金运动，监督标准是国家颁布的有关法律、法规、制度和单位制订的制度、预算、定额等。

近年来，会计信息失真问题引发了人们对会计监督的反思和讨论。特别是1999年对《会计法》再次修订以后，人们对会计监督认识的分歧有所加大。有代表性的观点主要有两类：

一类是承认会计具有监督职能，但认为会计监督的内涵需要重新界定。曹冈教授2000年撰文提出：新《会计法》把会计监督分为本单位的内部会计监督、注册会计师监督以及政府部门监督三种，这不同于传统对会计监督的解释。因为"内部会计监督"的专业用语是"内部控制"，"注册会计师的监督"即使叫作"监督"，也不是原来意义上的"会计监督"。因为其监督主体不是单位内部的会计人员；"政府部门监督"是行政监督，其中财政部门对各单位会计工作的监督，是具有特殊身份的政府机构从事的活动，符合监督的含义。但是，它也不是原来意义上的会计监督，而是监督会计，是一种行政监督工作。其他政府部门对各单位的监督，既不是会计监督，也不是监督会计，而是监督会计资料所反映出来的违法经济行为，属于行政监督。鉴于《会计法》已经采用了"会计监督"的说法，曹冈教授认为更为现实的问题是重新定义会计监督。这个定义的外延要包括内部控制、独立审计和政府对会计的监督三项，要描述三者的共同本质特征以形成一个能够"统摄"三个概念的大概念，例如会计监督是全社会为维持会计信息规范性而作的努力。鉴于新修正《会计法》有关会计监督的规定主要是对会计工作的监督，吴水澎教授提出应区分会计监督和监督会计，以免产生"问花答瓜"的现象，并建议运用不同的概念进行表述。张捷为将"监督会计"与"会计监督"区别开来，提出依照"监督会计"的本来含义，建立起"会计监察"的概念，使之与"会计监督"截然分开，各有所用。

并将"会计监察"定义为：会计监察是经济监督的一种，是由法定组织对会计主体会计行为的合法性、合规性和合理性所进行的监督（张捷，2000）。

另一类观点则认为会计不具有监督职能，而只有控制职能或管理职能。持这种观点的认为：职能是事物固有的功能，会计职能是会计本身的功能，而非会计身外之物。内在的会计监督是不存在的，只有外在的会计监督即监督会计存在，而监督会计已是会计身外之物，而非会计自身的职能。因此，用会计监督来描述会计的职能是不妥当的，除非将"监督"的词义转换为"控制"的意思。控制是事物（系统）本身可以进行的活动，即为了实现自身目标而进行的一系列自我调节、自我约束行为。并将会计控制定义为：会计控制是单位（企业）内部控制方式之一，即单位会计人员通过会计反映来参与控制本单位经济活动，以保证会计信息质量（可靠性、相关性等）的一种内部控制方式。（吴长慧、郭武，2000）。

我们认为，会计具有监督职能是不容置疑的。在社会主义市场经济条件下，虽然会计代表国家对企业进行监督的职责将不复存在，但不能以此作为不存在会计监督的借口。因为会计机构和会计人员接受单位负责人的授权对单位经济活动过程监督的职责依然存在，而且会计机构和会计人员所履行的对经济活动过程的监督不是以经济活动的直接执行者身份进行的，而是以旁观者（监督者）的身份进行的，因此也不能把会计监督与会计控制或内部控制相混淆。有鉴于此，我们认为，在社会主义市场经济条件下，会计监督应有两层含义：一是会计机构和会计人员对单位经济活动过程的合法性、合理性和会计资料的真实性、完整性的监督，即马克思所说的会计对生产"过程的控制和观念的总结"。① 二是对单位会计工作和会计行为的监督，包括单位负责人对本单位会计工作和会计行为的监督和单位外部有关方面对单位会计工作和会计行为的监督，以及对监督机构和单位会计监督行为的再监督。换句话说，会计监督概念有狭义和广义两种，狭义的会计监督指会计机构和会计人员对本单位经济活动过程的合法性、合理性和会计资料的真实性、完整性的监督，这是会计的基本职能之一；广义的会计监督包括前述两层含义。

鉴于"会计监督"一词已广为流传，再将第二层含义的会计监督作为一个单独的概念另行定义虽然有助于对二者的区分，但也会带来理论探讨和实践的

---

① 马克思．资本论（第二卷）[M]．北京：人民出版社，1975：150-153. 从会计工作的性质看，这里的"控制"主要是监督，而不包括指挥、协调等管理工作；"观念的总结"则指会计核算和报告。

诸多不便，不如区分广义和狭义的会计监督更好。但是，我们并不反对在财务管理与会计的关系理顺的条件下，将会计监督与财务监督区分开来。关于这一问题，后面将作专门论述。

二、国有企业的会计监督——中国会计的一大特色

"建立有中国特色的会计理论和方法体系"是中国会计学会提出的会计理论研究的目标。什么是中国特色的会计？它应该是：①外国没有的；②适合中国国情的、能解决中国经济的实际问题的；③理论和方法是先进的、科学的、有利于生产力发展和经济发展的。特色要用历史唯物主义的观点来看，但不能在"特色"的口号下保护落后。对国有企业的会计监督，可说是中国会计的一大特色。[①]

翻阅西方国家的会计文献，很少论及会计监督。我国对会计监督的理论研究则已有几十年的历史。由于我国是以生产资料公有制为主体的社会主义国家，国有企业在各个历史时期都是国民经济的重要支柱，因此对国有企业会计监督的理论研究始终是会计监督理论研究的主题。从我国会计实务及其改革来看，国有企业的会计监督也历来是改革的焦点。在不同的历史时期，由于经济体制、企业制度和政治、法律、经济等环境因素的差异，国有企业会计监督都有各自的特点，并有着丰富的实践内容。伴随着经济体制和国有企业制度等的变化，国有企业会计监督也经历了许多波折。实践多次从反面告诉我们，什么时候忽视了国有企业会计监督，经济秩序混乱、会计信息失真、国有资产流失的现象就会出现，经济发展就会受到影响。"大跃进""文化大革命"以及转轨初期国有企业改革中出现的问题都说明了这一点。

虽然国有企业会计监督所出现的这样那样的问题，在一定程度上影响和制约了生产力和经济的发展，但也正是这些问题的不断出现推动着对国有企业会计监督研究的不断向前发展。由于这些问题是在特定的时期和我国国有企业改革的特定环境下出现的，具有显著的中国特色，不可能有现成的别国经验可以借鉴，只能靠我们自己来研究解决，因此，对国有企业会计监督有关问题的研究也必然具有浓厚的中国特色。

---

① 罗飞. 国有企业的会计监督是中国会计的一大特色 [J]. 会计研究，2000（2）.

在国有企业会计监督面临的诸多问题之中，国家作为出资者如何对国有企业进行会计监督是其中的一个重要难题。作为现代企业制度下国有企业会计监督体系的重要组成部分，目前国家出资者对国有企业的会计监督尚处在不断的试验和探索阶段。1999年修订的《会计法》、试行会计委派制以及财务总监委派制、稽察特派员制度等都与这一改革有密切的关系。但目前已进行的改革还不够彻底，还没有探索出一种真正适于社会主义市场经济特点和现代企业制度要求的、高效率的国家出资者对国有企业会计监督模式。这意味着对国有企业的会计监督的改革和理论研究还有漫长的路要走。

由上可见，不论是从会计理论研究角度，还是从会计实践和改革的角度，国有企业的会计监督都堪称中国会计的一大特色，"国家出资者对国有企业的会计监督"则是这一特色中的精粹所在。

三、建立现代企业制度：国家出资者对国有企业会计监督命题产生的经济背景

虽然国有企业在我国已有几十年的历史，但提出国家以出资者身份对国有企业进行会计监督的命题却是最近几年的事情，其产生背景是国有企业建立现代企业制度的改革。

在实行计划经济时期，不仅国家作为社会管理者和国家作为国有企业出资者的职能是不分的，而且国家集国有企业的所有权和经营权于一身，实行国有国营的直接管理方式，各级政府管理部门一身三任，国有企业实际上被剥夺了"法人"资格，只不过是行政机关的附属物，并不是一个具有独立经营自主权的实体，"政企不分、政资不分"的特征十分明显。在这种经济体制和背景下，国家对国有企业的会计监督既无必要也不可能区分国家作为社会管理者对国有企业的会计监督和国家作为出资者对国有企业的会计监督。就连国有企业内部的会计监督实质上也是站在国家的角度上对企业进行监督，国有企业会计人员事实上成为国家利益的代表，对国有企业执行国家财经政策、法令、制度以及执行国家计划的情况进行监督，会计监督成了国家行政、计划管理的基础环节和重要手段。虽然，在"大跃进"和"文化大革命"期间，正常会计工作秩序遭到破坏，会计监督也一度形同虚设，但总体而言，在实行计划经济体制时期，国家对国有企业的会计监督是以政、资合一国家利益导向为主要特征的，政府

主管部门是国有企业会计监督的唯一的、直接的指挥者,国有企业的会计人员则是这一监督的具体执行者。这一时期,并不存在国家单独以出资者身份对国有企业的会计监督。

十一届三中全会以后,对国有企业实行了以"放权让利"为主要特征的一系列改革举措,国有企业有了一定的经营自主权和独立的经济利益,因而产生了会计监督服务于企业内部管理的需要。与此同时,经营自主权的扩大以及国有企业独立经济利益的出现也加剧了国家与企业的利益冲突和矛盾,为了保障国家作为社会管理者和国有企业出资者利益的实现,客观上也需要加强国家对国有企业的会计监督,包括国家作为社会管理者对国有企业的会计监督以及国家作为出资者对国有企业的会计监督。但由于国有企业改革初期没有触及产权制度这一核心问题,国有企业所有权主体缺位的问题没有得到关注。再加上当时过分强调放权,结果导致国有企业的所有权约束形同虚设,也未提出国家作为出资者对国有企业会计监督的问题。随着"利改税"和"承包制"的推出,初期国有企业改革的弊端也越来越多地暴露出来,国家利益与企业利益的矛盾日益激化,国家对国有企业的会计监督也因国有企业会计人员的"双重身份"问题而呈弱化趋势,以至于会计信息严重失真,"内部人控制"和国有资产流失问题愈演愈烈,"放权让利"的改革也因此而走到了尽头。

国有企业改革初期以"放权让利"为主要特征的各种改革举措之所以未能取得成功,其根源在于这些改革都力图绕开国有企业制度改革的核心问题——产权问题。改革的实践证明,离开了产权制度的改革和创新,长期困扰国有企业改革的"政企不分、政资不分"的问题就不可能得到根本解决,所有权和经营权也不可能真正分离。1992年党的十四大明确提出把建立社会主义市场经济体制作为经济体制改革的目标,指出要"通过理顺产权关系,实现政企分开,落实企业自主权,使企业成为自主经营、自负盈亏、自我发展、自我约束的法人实体和市场竞争的主体"。党的十四界三中全会通过的《中共中央关于建立社会主义市场经济体制若干问题的决定》更进一步明确指出企业改革的目标是建立现代企业制度,其基本特征是"产权清晰,权责明确,政企分开,管理科学"。但是,要在国有企业中建立现代企业制度绝非将企业改组为公司那么简单,关键是要能够在所有者和经营者之间建立起相互制衡的公司治理结构。建立现代企业制度改革过程中出现的"翻牌公司"现象,其实质就在于没有建立起符合现代企业制度要求的公司治理结构。

要建立现代企业制度，在所有者和经营者之间建立起相互制衡的公司治理结构，必须引入监督和约束机制，特别是要解决好出资者对经营者的监督和约束问题。实践证明，没有有效的监督和约束机制，就不可能产生有效的激励，公司治理结构也不会有效率。因此，国有企业要建立现代企业制度，就必须要研究国家作为出资者如何对国有企业进行监督和约束，国家出资者如何对国有企业进行会计监督则是其中的重要内容。另一方面，随着企业法人财产权的确立和经营自主权的扩大，会计人员"双重身份"的矛盾日益突出，要求"会计回归企业"的呼声越来越高，并得到了1999年修订的《会计法》的支持和肯定。会计回归企业后，国有企业的会计人员将在企业负责人的领导下，只对本企业实行内部会计监督，这必然会导致代表国家利益对国有企业进行会计监督的力量削弱，因此，为切实保障国家作为出资者的利益不受侵犯，必须寻求新的国家作为出资者对国有企业进行会计监督的形式和途径。国家出资者对国有企业会计监督的命题应运而生，并迅速成为当前会计理论和会计改革的热点。

由此可见，建立现代企业制度的改革导致了国家出资者对国有企业会计监督命题的产生，现代企业制度是国家出资者对国有企业会计监督产生和存在的客观基础。同时，国家出资者对国有企业的会计监督也是国有企业建立现代企业制度的题中之意，是建立和完善国有企业会计监督体系的客观要求。应当充分认识到：会计监督体系的建立和完善，会计监督职责的加强，是保证我们初步建立的现代企业制度良好运行的一项重要机制。[①] 因此，研究国家出资者如何对国有企业进行会计监督，既是发展和完善具有中国特色的会计理论和方法体系的需要，也是关系国有企业改革成败和社会主义市场经济兴衰的重要课题。

四、研究基点：政资分开

国家出资者对国有企业会计监督命题产生的背景是建立现代企业制度的改革。对国有企业来说，建立现代企业制度的难点就在于如何使国家作为国有企业出资者与国家作为社会管理者和宏观经济调控者对国有企业管理的职能分离，从而真正实现政企分开、两权分离。而这也正是研究国家作为出资者对国有企业会计监督的基础和起点。

---

① 罗飞，王竹泉. 会计监督是保证现代企业制度良好运行的一项重要机制 [J]. 财会通讯，2000（3）：12.

国家作为出资者对国有企业的管理与国家作为社会管理者和宏观经济调控者对国有企业的管理是有区别的。作为社会管理者和宏观经济调控者，国家管理企业的范围不仅包括国有企业，而且还包括非国有企业，并主要依靠宏观经济和法律调控手段来促进国家产业政策的贯彻和实现社会经济发展目标，其主要职责是：①为企业的生存和发展创造基本条件，例如提供基础公共设施、建立社会保障制度等；②为企业制订基本的经济活动法律规则；③为各种企业创造一个平等的竞争环境，建立并完善各生产要素市场，促进社会经济资源的合理流动和优化配置。其管理的手段主要是通过制定法律、产业政策和运用经济杠杆等。

国家作为出资者对企业的管理仅限于有国有资本金投入的企业，包括国有独资企业、国有资本控股企业和国有资本参股企业，无权以出资者身份参与那些没有国有资本金投入企业的管理。国家作为出资者对国有企业行使的权力范围是由法律、法规及公司章程等决定的，在不直接干预企业经营的前提下，实现对经营者的有效控制，切实保障国家作为出资者的权益不受侵犯，其管理手段则主要是建立健全对经营管理者的激励和约束机制。[①]

实现国家作为出资者和国家作为社会管理者和宏观经济调控者对国有企业管理职能的分离，也是当前我国国有资产管理体制改革遵循的基本原则。目前，我国国有资产管理体制正按照"国家统一所有、政府分级监管、企业自主经营"的思路进行改革和探索。主要做法是专门设置国有资本管理机构，代表国家行使对国有资本的终极所有权，并在国有资本管理机构和国有企业之间设置若干个国有资本投资主体（国有控股公司、国有资产经营公司及经授权的企业集团等），由国有资本投资主体作为中间出资者直接行使对国有企业的所有者权能，以出资者身份对国有企业进行监督约束。本书所指的国家出资者既包括代表国有资本终极所有权的国有资本管理机构，也包括直接对国有企业行使出资者权力的各中间出资者——国有资本投资主体。

实践证明，上述做法在一定程度上解决了长期以来存在的国家出资者对国有企业的软约束问题，对国有企业建立符合现代企业制度的监督约束机制起到了积极的促进作用。但同时也暴露了一个问题，就是国有资本管理机构往往是作为政府的一个行政管理机关，并非真正的国有资本的出资者，其自身利益与

---

① 罗飞，王竹泉. 论国家作为出资者对国有企业的财务管理 [J]. 会计研究，2001（4）：3-4.

对国有资本投资主体实施监督约束的努力程度并无直接关系，因此，出现国有资本管理机构对国有资本投资主体疏于监督、放纵其"偷懒"行为甚至与其"合谋"共同截留或侵占本应属于所有者利益的现象就不足为奇。同样的情况可能出现在国有投资主体作为中间出资者对国有企业实施的监督约束之中。很难想象缺乏监督动力的国有资本管理机构和国有资本投资主体能够使国家出资者对国有企业的约束和监督真正落到实处。由此可见，如何适应国有企业的产权特点，强化对国有资本管理机构和国有资本投资主体的监督，是关系到国家出资者对国有企业会计监督机制能否良好运行的关键所在。

针对中国国有企业数量多、分布广的现实情况，我们认为应当建立一种新型的国有资本运营管理体系。新的国有资本运营管理体系仍然分国有资本管理机构、国有资本投资主体和国有企业三个层次，但除积极推进国有企业层次投资主体多元化的改革外，应当着力实现国有资本投资主体层次的股权结构多元化。在这里，国有投资主体的股权结构多元化尤为重要，只有通过国有资本投资主体股权结构的多元化，才能从根本上实现所有权职能到位，把国有资本投资主体塑造成一个责、权、利相对称的经营主体，从而成为所持股国有企业的"真老板"。具体可通过吸收基金法人和银行、保险公司等向国有资本投资主体投资以及增加国有资本投资主体相互之间的投资等形式，使国有资本投资主体的股权结构由单一的国家股股东为主体向"国家股股东和大法人股东"为主体的结构转变，通过基金法人及银行、保险公司以及其他国有资本投资主体等法人出资所有权的到位克服国有资本管理机构作为单一的所有者而产生的监督失灵问题，从而把国有资本投资主体塑造成所持股的国有企业的"真老板"，增加国有资本投资主体作为直接出资者对国有企业监督和约束的动力，为国家出资者对国有企业会计监督机制提供良好的运行环境。

五、理论基础：委托—代理理论和产权理论

国家出资者对国有企业的会计监督，其本质上属于企业制度的范畴。要研究企业制度，就离不开现代企业理论的指导。现代企业理论，从其所运用的方法上划分，可分为三大理论：一是交易费用经济学理论；二是委托—代理理论；三是产权理论。这三大理论都与现代契约理论有着密不可分的联系。在这三大理论中，交易费用经济学理论的重点限于研究企业与市场的关系，委托—代理

理论则侧重于分析企业内部组织结构及成员之间的代理关系,产权理论则主要研究契约不完备时产生的剩余索取权和剩余控制权的分配及其对效率的影响问题。这三种理论的共同之点是都强调企业的契约性、契约的不完备性及由此导致的企业所有权的重要性。但相对而言,委托—代理理论和产权理论对研究国家出资者对国有企业会计监督的指导意义更大。

1. 委托—代理理论

委托—代理理论认为:只要存在就业安排,并且在这种安排中一个人的福利取决于另一个人所做的,代理关系就存在了。詹森和麦克林将代理关系定义为一种契约关系,在这种契约下,一个人或更多的人(即委托人)聘用另一个人(即代理人)代表他们来履行某些服务,包括把若干决策权托付给代理人。委托—代理理论把企业看作委托人和代理人之间的合同网络,股东是委托人,董事是代理人,二者之间形成了委托—代理关系。委托—代理关系不仅存在于企业所有者与经营者之间,而且遍及企业经营管理的各个层次,如董事会与经理之间、经理与部门经理之间、部门经理与一般职工之间。但是,不论是哪一层次的委托代理关系,代理人的行为都具有理性(或有限理性)和自我利益导向的特征,由于信息不对称,从而导致代理人可能追求自己的目标,甚至不惜以牺牲委托人的利益为代价,这就是所谓的委托—代理问题。

委托—代理问题产生的原因是信息不对称。信息不对称是指代理人比委托人拥有信息优势,也就是说对某些信息来说,代理人是知情者,而委托人则是不知情者。从不对称信息发生的时间来分类,不对称信息可以分为事前不对称信息和事后不对称信息。前者是指不对称信息发生在委托人和代理人签订契约之前,例如经营者知道自己的态度和能力,但所有者却不知道。事前不对称信息会引起所谓的"逆向选择"问题;后者是指不对称信息发生在委托人和代理人签订契约之后,例如经营者知道自己是否尽了力,是否按照所有者的利益进行决策和行动,但所有者却不知道,因为其很难观察甚至无法观察。事后信息不对称会引起所谓的"道德风险"问题。

为了解决委托—代理问题,委托—代理理论提出委托人应对代理人进行激励和监督,以使代理人为他们的利益尽力,减少"逆向选择"和"道德风险"。除此之外,代理人可以用一定的资源担保不损害委托人的利益,或者,即使损害,也一定给予补偿。要激励和监督代理人,委托人就必须承担激励和监督的成本,这是代理成本的主要部分。代理人提供担保则可能使委托人实际承担的代理成本降低。但即使采取上述措施，代理人的决策和行动与使委托人利益最大化的决策和行动之间仍然会有差距，并由此造成委托人的利益损失，这一损失称为"剩余损失"。因此，这种损失也是代理成本的一部分。以上几方面构成了代理成本的总体，委托—代理理论的目标就是通过恰当的契约安排，使代理成本达到最低。

综上所述，委托—代理理论的基本分析框架可以表述为：一个参与者（称为委托人）想使另一个参与者（称为代理人）按照前者的利益选择行动，但委托人不能直接观测到代理人选择了什么行动，能观测到的只是另外一些变量，这些变量由代理人的行动和其他的外生的随机因素共同决定，因而充其量只是代理人行动的不完全信息。委托人的问题是如何根据这些观测到的信息来奖惩代理人，以激励其选择对委托人最有利的行动。[①]

2. 产权理论

产权理论从企业是一种不完备的契约出发，论证了剩余索取权和剩余控制权的安排问题。产权理论的研究表明：在信息的不对称和契约的不完备条件下，没有在契约中详细规定的那部分权力，即剩余权力应当归资产的所有者所有。同时，解决契约不完备时激励问题的办法是分配财产的所有权：谁是所有者，谁有对财产的控制权，谁就有权解决契约不完备时的激励问题，并且最优激励机制应该是剩余索取权和剩余控制权最大对应的机制。

与委托—代理理论不同，产权理论对公司治理另有解释。它认为所有权规定了公司的边界，是控制公司的权利的基础，这些权利包括提名和选举为股东利益管理企业的董事的权利；要求董事就企业资源的配置做出决策并给予解释的权利；任命独立审计师检验公司财务的准确性及对董事的报告和账目提出质疑的权利，等等。而对于公司资产运作和日常经营的控制权，则分别授予董事会和经理层掌握。因此，公司治理实质上是产权或控制关系。

产权理论为现代企业制度的建立提供了理论基础。现代企业制度主要涉及三个方面的问题：企业控制权的配置和行使；对董事会、经理和职工的监控以及对他们工作绩效的评价；激励机制的设计和推行。[②] 在现代企业制度涉及的三方面问题中，不同的控制权配置方式决定了不同的决策机制，它取决于对财产终级所有权和法人财产权权利的具体安排。任何激励机制和监督约束机制的设

---

① 张维迎. 博弈论与信息经济学 [M]. 上海：上海三联书店、上海人民出版社，1996：403.
② 刘诗白. 主体产权论 [M]. 北京：经济科学出版社，1998：294.

计和运行都是建立在一定的决策机制基础上的，没有一定的决策机制，激励机制和监督约束机制都将是空中楼阁。

目前，关于建立现代企业制度，许多人只是提建立健全企业的激励机制和监督与约束机制，而忽视了建立健全企业的决策机制这一前提。本书认为，这种提法值得研究。尽管激励机制和监督与约束机制是从决策机制中派生出来的，但不能认为只要建立健全了激励机制和监督与约束机制，决策机制没有必要存在了。事实上，决策机制是企业制度中最基本的内容，激励机制和监督与约束机制则是为了使决策机制更为有效地发挥作用而建立的。如果没有合理的激励机制，决策者自身的积极性和创造能力就难以得到充分发挥，他们也不会做出使自己承担较大经营风险的决策，企业自然很难经营好。但是，仅有决策机制和激励机制也是不够的，没有有效的监督和约束机制，由于信息不对称等原因，设计再好的决策机制和激励机制都是徒劳无益的。由此可见，决策机制、激励机制和监督约束机制是现代企业制度中密不可分的三个内容，缺一不可。

借鉴现代企业理论的研究成果，伍中信提出了会计监督的经济学，从产权和博弈的角度对会计和会计监督进行了阐释。他认为：会计的职能一是界定产权；二是保护产权。其中会计核算在于认定或确认产权关系，反映产权结构的变化，并将结果输出给外界各产权主体，其功能兼有界定产权和保护产权双重含义。会计的监督职能则是对会计（核算）的界定进行再认定，这种再认定的过程便是为了检查：①是否按既定的契约（制度）进行界定；②界定后的产权结构是否遭到了破坏，某一产权主体的利益是否被他人所侵蚀。因而会计监督的功能主要在于保护产权。在会计核算制度对产权关系明晰前提下，保护各产权主体利益不受侵害；在会计核算制度或其他法规中对产权关系有不明的地方，会计将同其他监督服务部门对其进行合理的仲裁、测量、评估和咨询。[①] 田昆儒在产权理论的基础上，进一步提出了企业产权会计论，并对会计监督权利的结构和内容进行了探讨。他认为，会计监督是一项权利，并且是一项经济权利。会计监督权利来自于法律、财产所有者、财产经营者以及会计工作自身等。并且认为会计监督权利的结构可以从两个方面来认识：一是从监督的层次上；二是从监督权利内容上。从会计监督的层次性上来划分，会计监督可以分为四个层次：第一层次是依据法律法规的规定，或者说是接受法律、法规的委托对企

---

① 伍中信. 产权与会计 [M]. 上海：立信会计出版社，1998：165.

业的经济活动所实施的会计监督,这是会计监督的最高层次,也是会计监督之所以能被社会所承认的基础;第二层次是会计机构和会计人员接受财产所有者(或称股东、业主)的委托所实施的监督,该层意义的监督主要是由于财产所有者和经营者的利益不一致,所有者为了对经营者的经济行为进行有效的约束,而委托会计人员所进行的监督;第三层次的监督是企业会计机构和会计人员接受经营者委托对经济活动所实施的监督,该层次监督的对象主要是企业各部门和有关人员的经济活动,其目的在于企业管理和经营者经济责任的解除;第四个层次是会计机构和会计人员根据自己的职业道德和业务判断所实施的会计监督。从会计监督权利的内容来看,会计监督权利是由自由权、请求权、权力权和豁免权四个部分组成。①

与此同时,我国的一些财务学者(如郭复初、干胜道、谢志华、汤谷良等)提出了把企业财务分解为出资者(所有者)财务和经营者财务的理论:两权分离条件下的出资者与管理者的关系,实质上是财务关系;不仅经营者要进行财务管理,出资者也要进行财务管理,从而分别形成出资者财务和管理者财务;出资者财务管理的实质问题是出资者对经营者财务行为的约束,以确保其资本的安全和增值;由于所有者财务的财务主体和经营者财务的财务主体、所依据的产权概念、财务目标、财务对象内容、管理职能等都有所不同,因此,企业财务机制的构建必须结合所有者财务和经营者财务各自的特点进行,即应当分别构建所有者财务机制和经营者财务机制。这些理论和观点,虽然没有直接针对国家作为出资者对国有企业的会计监督进行专门论述,但却为会计监督理论的研究开辟了新的天地,对国家出资者对国有企业会计监督命题的提出也产生了重要的推动作用。

六、理论构架的核心:理顺国家出资者会计监督与其他监督的关系

研究社会主义市场经济体制下的国家出资者对国有企业的会计监督,不能违背国有企业改革的目标,切忌采取"头疼医头、脚疼医脚"的做法,而应放眼于国有企业的大局和长远,应当与完善国有企业会计监督体系联系起来,与

---

① 田昆儒. 企业产权会计论 [M]. 北京:经济科学出版社,2000:8.

国有企业建立企业法人治理结构联系起来,并符合现代企业制度的要求。当前,研究国家出资者对国有企业的会计监督,关键是要处理好以下几方面的关系:

1. 正确处理所有者会计监督和国家会计监督的关系

国家出资者对国有企业的会计监督依据的是其对国有企业的所有权,鉴于当前所采取的三层次国有资本运营管理体系改革的特点,对国有企业的直接出资者是位于中间层次的各国有资本投资主体,因此国家作为出资者对国有企业的会计监督应由各国有资本投资主体行使,国有资本管理机构只对各国有资本投资主体实行出资者的会计监督,从而实行与国家作为社会管理者和宏观经济调控者对国有企业会计监督的有效分离,并形成分工明确、结构清晰的国家出资者对国有企业会计监督的体系。国家作为社会管理者和宏观经济调控者对国有企业的会计监督依据的是政府的行政管理权,构造其监督体系首先应当清楚划分其与国家作为出资者对国有企业会计监督的界限,实行政资分开;其次,应当合理划分不同政府部门对国有企业会计监督的范围,避免监督体系的重复、繁杂和不必要的监督成本;最后,应当合理划分不同级别的政府部门对国有企业会计监督的权力界线,做到分工明确,疏而不漏。

我们认为,2001年4月财政部颁发的《企业国有资本及财务管理暂行办法》的规定,明确了代表中间出资人的母公司和代表终级出资权的主管财政机关各自的管理权限和范围,其划分是适当的。但这一办法同时包括了属于财政部门行政管理范畴的内容,而且没有在具体规定中明确那些属于财政部门对国有企业的行政管理内容,那些属于财政部门履行的国有资本出资者管理的内容,而是统一以主管财政机关概而论之。该办法第5条明确规定:本办法所称"主管财政机关",是指负责企业国有资本与财务管理的各级人民政府财政部门。其中:中央管理企业的主管财政机关是指财政部;地方管理企业的主管财政机关是指地方同级财政部门。这样一来,可能会导致在执行过程中的政资不分,而且将国有资本的出资者管理权都授予主管财政机关,与当前许多地方单独设立国有资本管理委员会行使国有资本出资者管理职能的改革也不相适应。建议在该办法中应当明确区分上述两种不同的管理内容,明确界定各自的管理主体和权限范围,避免带来政企不分的不良后果。

与《企业国有资本及财务管理暂行办法》形成鲜明对照的是财政部2001年2月颁发的《财政部门实施会计监督办法》,该办法只对属于财政行政管理范围的监督内容进行了规定,而且在划分财政部门与其他政府管理部门、不同级别的财政部门以及涉及跨地区时财政部门之间的管辖权方面的规定是非常清楚的，值得借鉴。

2. 正确处理国家出资者对国有企业的会计监督与国有企业内部会计监督的关系

处理国家出资者对国有企业的会计监督与国有企业内部会计监督的关系，应当避免两种极端倾向。一种是以出资者的会计监督来取代代表国有企业经营者的内部会计监督，另一种是过分夸大会计的监督职能，把其扩大到包括所有的内部控制在内，甚至夸大到包括各种管理职能。目前，国有企业实行会计委派制试点中某些地区提出的财会人员统管统派的做法，实质上是对代表经营者的会计监督的否定，就是上述第一种倾向的表现；认为会计监督即是会计管理，则有第二种倾向之嫌。

如前所述，会计监督概念有狭义和广义两种，狭义的会计监督指会计机构和会计人员对本单位经济活动过程的合法性、合理性和会计资料的真实性、完整性的监督，这是会计的基本职能之一；广义的会计监督除包括狭义的会计监督外，还包括对单位会计工作和会计行为的监督，如单位负责人对本单位会计工作和会计行为的监督和单位外部有关方面对单位会计工作和会计行为的监督。在现代企业制度下，对单位会计工作和会计行为的监督更为重要，特别在我国国有企业所有者缺位的情况下，更是如此，但绝不能因为当前急需加强对单位会计工作和会计行为的监督，就否定会计机构和会计人员对本单位实施的内部会计监督。更不能用完整会计监督体系的一部分取代其他部分。从会计监督的内容和分工来看，完整的会计监督体系应该包括四个层次：①会计机构和会计人员所执行的对本单位的会计监督；②单位负责人对会计机构和会计人员所做的会计工作和会计行为的监督；③企业内代表所有者的监事会以及单位外部，包括所有者、国家有关的管理机构对单位会计工作和会计行为的监督；④对会计监督行为的再监督。如果以所有权作为确定企业的边界，则前两个层次可以称为企业内部会计监督，而第三个层次则属于企业外部会计监督，第四个层次则并存于企业内部和外部。这四个层次的会计监督缺一不可，层层相扣，内外结合，相互制约。否则，就必然会造成会计监督体系的混乱，会计监督的作用也将难以得到正常发挥。需要说明的是，在上述会计监督体系的这几个层次中，我们并没有提及由会计师事务所等中介机构进行的审计监督，未将其包括在内的原因并非是由于其是审计监督，关键在于它不是一个独立的监督层次，其即可以接受单位负责人的委托对单位内部会计监督进行再监督,也可以接受所有者或政府的委托,对单位会计机构和会计人员所做的会计工作和会计行为进行监督,其不过是一种可供选择的监督形式而已,是否采用则要取决于单位负责人、所有者、政府机构等不同层次监督主体的意愿。

3. 正确处理会计监督、财务监督的关系

要研究国家出资者对国有企业的会计监督及如何构建国有企业会计监督体系,还应当进一步理顺会计监督、财务监督和内部控制的关系。

长期以来,财务管理与会计不分的现象在我国十分普遍,并以"大会计"观点为主流,认为会计包括了财务管理。与此相对应,财务与会计监督一直被笼统地称为"会计监督"。这也是本书继续使用"会计监督"代表"财务监督与会计监督"的理由。

随着市场经济体制及现代企业制度的建立,国有企业的自主权特别是财务自主权得到了落实,财务管理职能回归企业。在这种背景下,将财务管理从会计中分离出来,已是大势所趋。近年来,理论界也已开始重视并加强对财务管理理论的系统研究,高等学校也开始单独设置财务管理专业,财务管理成为与会计学相并列的一个独立的二级学科,这些都无疑是顺应历史潮流的一大进步。但同时也应看到,财务与会计不分的观念在我国还是根深蒂固的。从1999年修订的《会计法》就可以看出,《会计法》不仅规范会计行为,而且规范财务管理行为,从该法关于内部会计监督的具体规定中也能够看出这一点。

我们认为,《会计法》中的"内部会计监督"实质上包含着两种不同性质的监督:一是"对单位经济活动过程的合法性、合理性的监督";二是"对会计资料的真实性、完整性的监督"。前者是以资金运动或财务活动为监督客体的财务监督,它是企业财务管理的一个重要组成部分,后者才是以资金运动产生的价值信息为监督客体的会计监督。具体地说,财务监督是对一个企业的资金运动或财务活动的合法性、合理性所进行的监督,其监督主体主要是财务管理机构和财务管理人员,监督的目的是使企业在守法经营的前提下,提高财务活动的效益,降低财务风险,保证财产的安全完整。监督的主要手段是不相容职务分离、授权及审批控制、预算及定额控制等,监督的主要依据是国家有关法规和本企业的内部财务制度及财务预算。会计监督则是对一个企业会计资料的真实性、完整性所进行的监督,其监督主体是会计机构和会计人员,监督的目的是保证会计资料的真实、完整。监督的依据主要是会计法规、会计准则和企业会计制度,其监督的主要手段是内部牵制、稽核(包括凭证审核、账簿审核和报表审核)、对账和财产清查等。相对于对企业经济活动过程的监督来说,财务监督是第一重的监督,会计监督则属于第二重的监督。

与上述内部财务监督和会计监督的划分相同,外部监督也可以区分为财务监督和会计监督,如所有者的财务监督和所有者的会计监督,但其监督主体和监督形式是否要分开则主要取决于监督成本和效率的均衡。

七、国家出资者对国有企业现行会计监督形式评说

1. 几种主要的监督形式

围绕着国家作为出资者对国有企业的会计监督问题,中央及地方均进行了许多有益的尝试和探索,创建了种种监督形式,如会计委派制、财务总监委派制、稽察特派员制、财政监察专员制度、国家审计和社会审计等。其中,以会计委派制、财务总监委派制和稽察特派员制度的影响较大。截至 2000 年 6 月,全国已有 29 个省(自治区、直辖市)、125 个地(市)、494 个县(区、市)进行了会计委派制度(包含委派财务总监在内)试点,直接或间接委派的会计人员已达 6 万余人。

(1) 会计委派制。会计委派制也称为会计人员委派制,是政府部门和产权管理部门以所有者身份,委派会计人员代表政府和产权管理部门监督国有单位或集体企业资产经营和财务会计情况的一种制度。[①] 它产生于我国由计划经济体制向社会主义市场经济体制转变的特殊时期,与治理会计工作秩序混乱、会计信息失真以及开展反腐败斗争有着密切的联系。在实践中,委派的形式有多种多样。从委派机构的性质来看,有的是政府行政管理部门,如政府财政部门、经委等;有的则是产权管理部门或单位,如国有资本管理部门、国有控股公司等。从被委派单位的性质看,有的是党政机关或财政拨款的事业单位,有的是国有企业,还有的是乡镇企业。从委派财务会计人员的身份看,有的是委派会计主管,有的则是委派一般会计人员。

对国有企业实行会计委派制的试点最早是在湖北省的利川市展开的,利川市 1994 年开始试行企业主管会计委派制,委派对象是企业财会负责人、主管会

---

① 郗进兴. 关于"会计委派制"的若干问题 [J]. 会计研究, 1999 (9): 9.

计，人员主要从原单位产生，也有从其他单位选派的，委派部门是财政和主管部门，一般由政府发文、财政委派，管理体制是按照"统一管理、统一委派、分职任免"的办法，对会计人员的人事档案、职务任免晋升、工作调动、专业职称、工资奖金、福利等实行统一管理。目前，这种做法已在国内其他一些中小城市试点，试点企业多为国有中小型企业。

（2）财务总监委派制。财务总监委派制最早是在广东深圳进行试点，后在上海、青岛、南京、武汉等大中城市推广。试点企业多为国有大中型企业。主要做法是：由产权管理部门选派财务总监，财务总监按法定程序进入企业董事会，对企业董事会和委派部门负双重责任，并在企业董事会的领导和委派部门的指导下开展工作；财务总监行使下列职权：①参加董事会会议，参与表决和决策。列席经营班子会议，并提出财务管理和财务运作方面的意见和建议；②对规定事项与总经理进行联审联签；③参与制订企业财务管理方面的规章制度，监督检查企业财务运作和资金收支情况；④参与拟定企业的年度财务预、决算方案以及利润分配方案和弥补亏损方案；⑤参与审查企业重大投资项目的可行性，并独立向企业董事会和资产经营公司提出书面意见，作为董事会和资产经营公司决策的重要参考依据；⑥监督检查企业年度财务计划的实施；⑦参与决定企业银行账户的开立，并有否决权；⑧每半年向资产经营公司提交企业资产状况、效益情况和财务状况的评价报告。对企业财务方面出现的重大问题以及其他规定必须报告的事项应随时报告。[①]

（3）稽察特派员制。1998年5月，国务院印发了《国务院向国有重点大型企业派出稽察特派员的方案》，1998年7月，又正式发布了《国务院稽察特派员条例》。按照该《条例》规定：稽察特派员由国务院派出，代表国家对国有重点大型企业行使监督权力。稽察特派员以财务监督为核心，对被稽查企业进行稽查。其主要履行以下职责：①检查被稽查企业主要负责人员贯彻执行有关法律、法规和国家政策的情况；②查阅被稽查企业的财务报告、会计凭证、会计账簿等会计资料以及与企业经营管理活动有关的其他一切资料，验证被稽查企业的财务报告等资料是否真实反映其财务状况，主要包括资产负债情况、还债能力、获利能力、利润分配、资产运作、国有资产保值增值等；③监督被稽查企业是否发生侵害国有资本所有者权益的情况；④对被稽查企业主要负责人员的经营

[①] 《深圳市属国有企业财务总监管理办法》（深圳国资委〔2000〕10号）

管理业绩进行评价，对被稽查企业主要负责人员的奖惩、任免提出建议。稽察特派员由国务院任免，一般由部级、副部级国家工作人员担任。稽察特派员配备稽察特派员助理若干名，协助稽察特派员工作。一名稽察特派员一般负责5个企业的稽查工作，一般每年到被稽查企业稽查两次，也可不定期进行专项稽查。

1999年12月25日第九届全国人大常委会第十三次会议通过了关于修改《公司法》的决定，将《公司法》第67条[①]修改为："国有独资公司监事会主要由国务院或者国务院授权的机构、部门委派的人员组成，并有公司职工代表参加。监事会成员不少于三人。监事会行使本法第五十四条第（一）（二）项规定的职权和国务院规定的其他职权。"[②] "监事列席董事会会议。" "董事、经理及财务负责人不得兼任监事。"

党的十五届四中全会决定，继续试行稽察特派员制度，同时积极贯彻十五大精神，健全和规范监事会制度，从体制上、机制上加强对国有企业的监督，确保国有资产及其权益不受侵犯。2000年3月，国务院发布了《国有企业监事会暂行条例》，同时废止了1994年7月国务院发布的《国有企业财产监督管理条例》。该条例规定：国有重点大型企业监事会（以下简称监事会）由国务院派出，对国务院负责，代表国家对国有重点大型企业（以下简称"企业"）的国有资产保值增值状况实施监督；监事会以财务监督为核心，根据有关法律、行政法规和财政部的有关规定，对企业的财务活动及企业负责人的经营管理行为进行监督，确保国有资产及其权益不受侵犯；监事会与企业是监督与被监督的关系，监事会不参与、不干预企业的经营决策和经营管理活动；监事会一般每年对企业定期检查1~2次，并可以根据实际需要不定期地对企业进行专项检查。监事会每次对企业进行检查结束后，应当及时做出检查报告。检查报告经监事会成员讨论，由监事会主席签署，经监事会管理机构报国务院，遇有特殊事项也可以直接向国务院报告；监事会由主席一人、监事若干人组成。监事会成员不少于3人。监事分为专职监事和兼职监事：从有关部门和单位选任的监事，为专职；监事会中国务院有关部门、单位派出代表和企业职工代表担任的监事，为兼职。监事会可以聘请必要的工作人员；对国务院不派出监事会的国有企业，

---

① 原第67条为："国家授权投资的机构或者国家授权的部门依照法律、行政法规的规定，对国有独资公司的国有资产实施监督管理。"
② 第五十四条第（一）项为：检查公司财务；第（二）项为：对董事、经理执行公司职务时违反法律、法规或者公司章程的行为进行监督。

由省、自治区、直辖市人民政府参照本条例的规定，决定派出监事会。

2000 年 8 月，国务院任命了 36 位副部级国有重点大型企业监事会主席，批准了 100 家派出监事会的中央管理的国有企业名单；中央企业工委任命了第一批国有重点大型企业监事会专职监事①。这标志着对国有重点大型企业实行的国务院稽察特派员制度已正式转变为向国有重点大型企业委派监事会制度。

（4）财政监察专员制度。财政监察专员制度可以追溯到 20 世纪 60 年代就设立的财政驻厂员制度。1962 年，针对当时不少企业财务纪律松弛、企业管理落后的现象，我国设立了财政驻厂员机构，对国有大中型企业进行监督。"文革"期间一度中断。1982 年国务院决定全面恢复驻厂员制度，主要任务是帮助企业整顿和加强财务会计工作，监督企业遵守财经纪律，督促企业按时上缴利税。1990 年 9 月国务院发布了《财政部关于中央企业财政驻厂员开展财政监督若干问题的暂行规定》，由财政部派驻各省、自治区、直辖市的中央企业财政驻厂员处（简称中企处）行使财政部授权对中央企业实施财政监督的职能，其有权就地行使财政监督检查，并有权按国务院《关于违反财政法规处罚的暂行规定》及有关财政法律、法规处理有关问题。1995 年，为适应建立社会主义市场经济体制的需要，驻厂员机构改为财政监察专员办事处，由其履行中央财政监督和某些管理职能，其中包括对中央企业国有资本和国家股权收益分配的监督。其有权要求中央企业按规定报送财务报告和国有资本变更情况，以及政府审计机关和社会中介机构出具的与财务收支、国有资本变更有关的审计决定和审计报告。1998 年，为适应转变职能和机构改革的新形势，财政监察专员办事处地市级机构撤销，人数从 3000 人精减到 1000 人。目前，其职能主要是对财税执行情况进行监督，代表国家出资者对国有企业进行监督的作用已大大减弱了。

（5）国家审计和社会审计。《中华人民共和国审计法》规定，审计机关可对与国计民生有重大关系的国有企业、接受财政补贴较多或亏损数额较大的国有企业，以及国务院和本级地方人民政府指定的其他国有企业，有计划地定期进行审计监督。1999 年 6 月中共中央办公厅、国务院办公厅联合发布了《国有企业及国有控股企业领导人任期经济责任审计暂行规定》，规定企业领导人任期届满或者任期内办理调任、免职、辞职、退休等事项前，以及在企业进行改制、改组、兼并、出售、拍卖、破产等国有资产重组的同时，应由审计机关按照人

---

① 白天亮. 国务院向重点大型企业派出监事会［N］. 人民日报，2000 – 8 – 18.

民政府的指令及审计管辖范围,依法直接审计或委托社会审计组织等进行审计。财政部也于 1998 年发布了《国有企业年度会计报表注册会计师审计暂行规定办法》,要求国有企业年度会计报表不再实行财政审批制度,而是委托注册会计师进行审计。

2. 取得的成效

上述监督形式的试点和推行已取得了一定的成效。比如会计委派制试点的成效可在以下几个方面看到:

(1) 强化了财会监督,在一定程度上遏制了国有资本的流失。由于将委派的财会负责人或会计主管的人事关系和工资、福利等从被委派企业分离出来,因此解除了会计人员"受制于人"的顾虑,使他们敢于大胆地履行监督职责,自觉抵制违法、违纪及侵吞国有资本的行为。

(2) 提高了会计信息质量,在一定程度上遏制了假账的泛滥。过去,一些国有企业的领导为了"中饱私囊"或保"乌纱帽",以提拔、重用或除名、辞退等手段威逼利诱会计人员造假账,导致会计工作秩序混乱,会计信息严重失真。试行委派制后,减少了国有企业领导威逼利诱的可能性,也在一定程度上消除了会计人员造假的动机,从而使会计信息的质量有所提高。

(3) 增强了对会计人员合法权益保护的力度,对稳定会计队伍、规范会计工作秩序起到了一定的积极作用。

尽管上述监督形式取得了一些成效,但同时也应看到,不论是在理论上,还是在操作中,它们都还有许多不足和缺陷,值得我们深入探讨和去完善。

八、模式设计:构建国家出资者对国有企业会计监督的新模式

对上述模式的分析比较不难看出,委派人员专门进行经常性的会计监督是必要的(当然,本着节省监督成本和抓大放小的原则,国家出资者对国有小型企业也可以不委派监督人员进行经常性监督,而采取定期委托社会审计机构进行审计的办法)。问题是:一要保证委派的人员与国有企业的经营决策和执行相独立,只履行监督权,而不侵害经营者的经营决策权;二是要使委派人员的会计监督也要受到约束,即应设置对委派监督人员进行再监督的机制。这种再监督可以采取定期监督的形式,从而形成经常化监督与定期监督相结合的国家出资者对国有企业会计监督的新体系。

本书认为：代表所有者的经常性监督可采取财务监察委派制的形式（为了避免与现行的财务总监制相混淆，暂称其为"财务监察"），但对委派的财务监察应由股东会（国有独资公司应由国家授权投资的机构或者国家授权的部门，下同）委派，财务监察应作为监事会的主要成员；财务监察的报酬由股东会决定；其职责是对董事会所做出的各项重大经营、财务决策的合法性和合理性进行监督，对经理执行董事会决议的情况进行监督，并有权对董事会、经理做出的损害公司及所有者利益的行为给予纠正；财务监察可以列席董事会会议，但不具有表决权。这样委派的财务监察完全是代表所有者的利益行使监督权，而不参与经营决策。代表所有者的定期监督则主要采取稽察特派员监督或委托社会审计机构进行审计的形式。其中，稽察特派员的定期监督主要在国有重点大型企业范围内实行，对国有中小企业的定期监督则采取委托社会审计机构进行审计的方式。

考虑到前述"国有资本管理委员会—国有资本投资主体—国有企业"三层次的国有资本管理体制，国家作为出资者对国有企业会计监督模式可分别国有资本管理机构对国有资本投资主体和国有资本投资主体对国有企业两个层面进行具体设计。

国有资本管理机构主要行使对国有资本投资主体的所有者监督职能，监督的内容是涉及整个国有资本投资主体的重大财务活动和重要会计资料，一般不涉及对国有资本投资主体下属国有企业的监督。鉴于各国有资本管理机构管辖的国有资本投资主体数量不多，但每个国有资本投资主体的规模却很庞大，因此国有资本管理机构对国有资本管理主体的会计监督可采取委派财务监察进行经常性会计监督与委派稽察特派员进行定期监督相结合的模式。

国有资本投资主体对所属国有企业的会计监督，则根据各国有企业的规模大小、管理水平和人员素质等不同情况，采取不同的监督模式。对于国有大中型企业可以采取委派财务监察进行经常性会计监督和委托社会审计机构进行定期审计相结合的模式。对于小型企业则可以只采取定期接受社会审计的方式。由于每个国有资本投资主体可能同时对多个国有企业行使出资者所有权，因此可以考虑在国有资本投资主体中设置一个常设监督机构，常年对所属国有企业进行巡回的会计监督，以代替委托社会审计机构进行的定期监督。这样既能节约监督成本，又能使对国有企业的会计监督与整个国有资本投资主体的经营方针、政策和工作重点等有机地结合起来，从而提高会计监督的效率。

第七章 独立董事制度与会计监督

证监会出台的独立董事制度，对改善公司内部组织结构起到积极作用。从世界范围来看，公司会计监督模式包括监事会模式和审计委员会模式，但不混合采用。本书认为：根据我国国情，"监事会+董事会下的审计委员会"模式可作为一种选择。作为独立董事会计监督职能具体实现形式的审计委员会的引入，必将导致上市公司重构内部会计监督体系，形成分工明确的监事会、审计委员会、内部审计部门和财务、会计部门四个层次的完整监督体系。

一、独立董事制度与公司治理

独立董事制度是在董事会中设立独立董事、以形成权力制衡与监督的一种制度。独立董事是指不在公司担任除董事外的其他职务，并与其所聘的上市公司及其主要股东不存在可能妨碍其进行独立客观判断的关系的董事。独立董事对上市公司及全体股东负责。从世界范围来看，独立董事制度与公司法系和公司组织结构相关。

（一）世界各国的公司法系与公司组织结构

一般认为，世界各国（地区）的公司法系可分为：英美法系（美国、英国、加拿大、澳大利亚、我国香港等）、德国法系（德国、匈牙利、瑞士、瑞典、挪威等）、法国法系（法国、西班牙、葡萄牙、南美诸国、埃及等）、德国法与美国法之折中法系（日本、我国台湾等）。公司组织结构有两种方式，单层制（the one-tier system）和双层制（the two-tier system）。所谓单层制，就是只有一个管理机关，即只有一个董事会而没有监事会；所谓双层制，就是有一个经营机关（management organ）负责公司的商业经营和另一个单独的监督机关（supervisory organ）负责监督经营机关，即董事会和监事会双重机构。英美法系的国家的公司组织结构实行单层制，德国法系的国家和日本等折中法系国家的公司组织结构实行双层制，法国法系国家的公司组织结构既可实行单层制，也可实行双层制。

无论是在组织结构采用双层制的公司，还是单层制的公司，都形成了一套行之有效的权力制衡体制和监督机制。组织结构采用双层制的公司有监事会监督董事会。在公司组织结构实行单层制的情况下，管理机构内部成员做了区分，一部分是执行业务、从事经营管理的成员，称为执行董事或内部董事；另一部分是不执行业务、不参与经营管理的成员，称为非执行董事或外部董事（也称独立董事），专司监督之职。英美公司中执行董事和非执行董事的区分并不是法律上所做出的区分，而是在理论和实践中有此区分而被判例所承认。英、美国家立法上并无独立的监事会机关设立的规定，但事实上已通过外部董事或审计员发挥了监事会的作用。换句话说，在英、美现代公司里，即使没有独立的监事会机关，也能在单轨制（即单层制）里寻求经营权与监督权制衡的目的。

（二）公司治理结构与独立董事制度

我国资本市场正处于新旧体制交替时期。其功能不再是单独为国企脱困服务，已开始对民营企业、三资企业提供融资服务；发行制度由行政审批制转向核准制；证监会的工作中心转向市场监管和提高上市公司质量、改进公司治理结构上来。在我国，公司治理结构是一个比较新、但现在非常热门的概念。在经济学家看来，公司治理结构是一种制度安排，用以支配若干在企业中有重大利害关系的团体——投资者（股东和贷款人）、经理人员、职工——之间的关系，并从这种联盟中实现经济利益。公司治理结构包括：①如何配置和行使控制权；②如何监督和评价董事会、经理人员和职工；③如何设计和实施激励机制。资本市场中出现的一些问题使监管部门和广大投资者认识到公司治理结构改革的必要性。但如何推动公司治理结构的改革呢？监管部门近期推出的独立董事制度就是一项重要措施。

（三）我国独立董事制度的有关政策规范

1999年3月，国家经贸委、中国证监会联合下发了《关于进一步促进境外上市公司规范运作和深化改革的意见》，要求境外上市公司设立独立董事。

2000年9月，国家经贸委会同有关部门起草、经国务院同意并由国务院办公厅转发的《国有大中型企业建立现代企业制度和加强管理的基本规范（试行）》，提出"董事会中可以设立不是公司股东且不在公司内部任职的独立董事"。

2001年5月31日,中国证监会颁发了《关于在上市公司建立独立董事制度的指导意见(征求意见稿)》,指出:上市公司董事会成员中应当有1/3以上为独立董事,其中应当至少包括一名会计专业人士。各境内外上市公司应当在2002年6月30日前修改公司章程,聘请适当人员担任独立董事。

(四)独立董事制度的实现形式

独立董事制度的实现形式是指独立董事制度以何种方式落实,或者说独立董事以何种方式履行其职责。在西方国家,在董事会下设立由独立董事组成或领导的专门委员会。这些专门的委员会有提名委员会、薪酬委员会和审计委员会,分别负责公司经理人员的提名、制订薪酬制度、代表董事会行使会计监督权。

(五)独立董事制度与会计监督模式

作为独立董事制度的一种实现形式的审计委员会,在英、美等国家被证明是一种成功的会计监督模式。从世界范围来看,企业会计监督模式有以美国为代表的审计委员会模式和以德国、日本为代表的监事会模式。但一般来说,二者没有出现在同一个国家的法律或实务中,[①]也就是说,采用了监事会模式的,就不再采用审计委员会模式;而采用了审计委员会模式的,就不再采用监事会模式。我国《公司法》明确了监事会的地位,还是否有必要设立审计委员会?审计委员会是否符合我国国情?如果引进审计委员会制度,它的职责有哪些?上市公司又如何重塑会计监督体系?

二、上市公司会计监督模式之选择

(一)会计监督模式的国际比较

1. 监事会模式

监事会模式是指在公司组织结构实行双层制的情况下,由监事会对公司管理机关实行会计监督的模式。世界各国的公司立法中,监事会的基本职责是对公司进行会计监督,但各国立法所规定的监事会的职责范围存在较大差异。

---

① 法国法系国家的情况特殊,这些国家的公司既可以采用单层制,也可以采用双层制,故实务中既有公司采用监事会模式,也有的公司采用审计委员会模式。

德国的公司组织结构是垂直型,即股东大会、监事会、董事会。股东大会选举产生监事会成员①,监事会除了监督董事会之外,还参与决策管理。德国《股份公司法》规定:监事会可以任免董事会成员及主席(第84条),对董事会成员的商业行为约束(第88条、第89条),决定董事会成员的薪酬(第87条),相对于董事会成员在法院内外代表公司(第112条)。

在日本,监事会的权限有:①决定监察方法、调查公司业务及财产状况的方法,其他有关部门职务执行的事项(商法特例法18条2款);②监事调查会计监察人(即独立审计人员,笔者注)的监察报告书及其他监察事项结束,应该报告于监事会(商法特例法14条1款,18条之2的3款);③监事会可以得到董事会的报告(商法特例法19条1款、12条、13条、8条、商法274条之2);④监事会得到会计监察人的监察报告书之日起1周内应向董事提交监察报告书(商法特例法14条2款,各个监事可以附记意见——同3款);⑤监事具有参与选任或解任会计监察人的权限(商法特例法第3条、第6条之2、6项之4)。

2. 审计委员会模式

审计委员会模式是指在公司组织结构实行单层制的情况下,由审计委员会对公司管理机关实行会计监督的模式。审计委员会模式起源于美国,20世纪90年代在世界上许多国家和地区得到了发展。在美国,《标准公司法》② 没有审计委员会的条款,SEC非常支持建立审计委员会,但并没有强制要求上市公司建立审计委员会。不过,纽约证券交易所(NYSE)于1978年要求每一家上市公司都必须设立完全由独立董事组成的审计委员会;1987年,国家证券商协会要求所有的纳斯达克(NASDAQ)上市公司必须设立绝大部分成员都由独立董事组成的审计委员会。

在英国,《公司法》要求所有上市公司必须设立有非执行董事组成的审计委员会,就审计和控制中的重要问题进行磋商。在加拿大,1975年修订的《加拿大商业公司法》要求所有的股份公司都必须设立审计委员会,还要求经营信贷业务的企业设立审计委员会。在新加坡,根据1989年的《公司法》,所有的上市公司都设立审计委员会。在马来西亚,只有大银行和保险公司按照要求设立

---

① 根据德国《股份公司法》第101条,监事会成员由股东大会选举的监事、委派监事和职工监事组成。其中股东代表监事至少占一半。
② 美国没有全国统一的《公司法》,《公司法》分别由各州立法。但全国有一个《标准公司法》,供各州议会采纳,其本身并不具备直接约束力。

审计委员会。

世界上各国的审计委员会都要求完全由或大部分由非执行董事担任，其职责有所不同，但其基本职责都包括：①检查、复核财务报告；②与外部独立审计师协调，并评价其工作；③指导内部审计部门的工作。从审计委员会的发展来看，职责范围在不断扩大。

（二）我国上市公司会计监督模式之选择

从世界范围来看，公司会计监督模式有监事会模式和审计委员会模式。我国已经在法律和实务中明确采用监事会模式，在此前提下，我国上市公司会计监督模式之选择的问题就变成了是否还引入审计委员会模式的问题。

审计委员会模式是英美等国单层制组织结构公司独立董事制度下的会计监督职能的实现形式，审计委员会模式与独立董事制度紧密相连。有专家学者从法理上分析，独立董事制度是英美等国单层制公司组织结构的产物，英美等国引入独立董事的目的也是为了监督、制衡执行董事，而我国公司采用双层制公司组织结构，这样，二者的职能是否重合？公司实际运行中各种矛盾和摩擦不可避免。同样的问题也会出现在"监事会＋审计委员会"模式中。

本书认为：在现行环境下和现阶段，"监事会＋审计委员会"模式可以作为上市公司会计监督模式的一种选择。其原因在于：现行的监事会模式从制度设计和实际执行都没有很好地履行会计监督职能；从制度安排上可以使监事会的职能与审计委员会的职能互补，而不是重叠；我国公司海外上市，要求建立审计委员会。

1. 现行监事会模式不能很好履行会计监督职能

监事会能否很好履行会计监督职能，关键在于它的独立性和专业能力。

（1）制度安排上的缺陷。我国《公司法》第一百二十四条规定：（股份公司）监事会由股东代表和适当比例的职工代表组成。没有对监事会成员的会计专业知识作明确的规定，同时，也没有监事会成员在不具备充分的财务会计专业知识的情况下可以聘请外部专业人士的规定。大陆法系的其他一些国家的《公司法》规定可以聘请外部专业人士。如德国《股份公司法》第111条规定：监事会可以查看和检查本公司的账簿和文件以及财产物品，特别是公司的现金及有价证券和商品的库存。监事会也可以为此目的而委托某个监事会成员，或者为了某些特定任务而委托个别专家。在监事会成员不具备足够的财务会计专业知识，并且也不能聘请外部专家的情况下，是不能很好地履行会计监督职能的。

制度上的缺陷还体现在规定了监事会职责而没有赋予相应的职权。例如，监事会的调查权，即监事会对公司（含子公司）业务、财产状况进行调查，并可要求董事、经理报告公司营业情况的权力；监事会的公司代表权，即当公司董事、经理的行为侵害公司利益，并经纠正无效时，代表公司提起诉讼的权力。

（2）一股独大的客观事实。在我国，一股独大的现象会存续相当长时间。如果一股独大，从表决权来讲，按照现行的法律确实有可能发生不公正行为。控股股东、董事会、监事会基本上是一家人，董事会和监事会也基本上由控股股东说了算，监事会又怎么能"监事"自家人？

（3）实践中监事会不独立。在《公司法》中，对监事会的独立性做出了许多规定。但在实践中，我国多数上市公司的监事会没有进入角色，绝大多数的监事不"监事"，对上市公司经营者存在虚假财务记录和报告、参与本公司股票做庄从而操纵股价牟取暴利、擅自扩大职工持股范围和数量、大股东长期无偿占用股份公司资金等违法、违章行为往往默不作声。有人调查发现，不少上市公司的监事会主席由纪委书记或工会主席担任，监事往往是基层单位的负责人，在股份公司内部还是董事长、总经理的下级，这些监事又怎么能独立起来呢？翻阅一下报刊上发布的上市公司监事会报告，鲜有监事会不同意董事会决议的，这种高度的一致性究竟是这些监事会经过认真"监事"后得出的结论，还是根本就没有"监事"或根本不敢"监事"呢？

2. 监事会与审计委员会的关系是会计监督不同层次上的互补关系

我国《公司法》确定了公司组织结构的四个层次：①股东大会——公司的权力机关；②董事会——公司的业务执行和经营决策机关；③经理——负责日常经营管理工作；④监事会——监督机关。在上面结构中，监事会是与董事会是并行关系，审计委员会是董事会下属的专门委员会，因此，监事会与审计委员会分属于公司组织结构中的不同层次，监事会的层次高于审计委员会，更具有权威性。

审计委员会与监事会在职责安排的制度设计上，应该是互补的关系，而非重叠的关系，即使有重叠的地方，但侧重点也不同。监事会的职责在检查公司的财务决策上，即公司的资金调度、安排、利润分配、薪酬等方面；审计委员会的职责集中在财务活动和结果的会计审计方面，如复核公司财务报告、提请聘请会计师事务所、与之沟通并对其工作进行评价等方面，但也自然会涉及公司的财务方面。

3. 我国公司海外上市的需要

随着全球经济的一体化，国际资本市场交流日趋活跃，我国内地有一些公司到纽约、东京、新加坡、香港特区等证券交易所海外上市。纽约证券交易所早在1978年就规定上市公司必须设立审计委员会、独立董事在董事会中的人数应达到半数以上。香港联合证券交易所于1993年11月引入非执行董事的要求，即每家上市公司董事会至少有两名独立的非执行董事。香港创业板上市规则规定大部分成员为独立董事，并由独立董事出任主席的审核委员会负责审查有关内部监管及预先批准董事薪酬的增加。我国公司到这些证券交易所上市，就必须按照这些交易所的规定设立独立董事和审计委员会。

现代股份公司法的发展历史，反映了英美法系和大陆法系的相互影响。大陆现代股份有限公司组织机构的模式是在近代股份有限公司组织机构模式的基础上，经过引进英美法系公司法的董事会制度和自行改造而成的。我国股份有限公司组织机构采用的是大陆股份有限公司组织机构的模式，但大陆现代股份有限公司的组织机构没有引进独立董事制度。我国在借鉴国外成功的公司治理经验时，不要机械认为我国引进的是大陆法系，而就不吸收象独立董事制度等英美法系的成功经验，也不要因为国外没有这样的先例而不尝试，而应根据我国经济发展的实际情况加以借鉴。只要独立董事制度能改进我国的上市公司治理结构，能提高上市公司质量，就应该借鉴。同样，在选择会计监督模式时，只要审计委员会模式能加强上市公司的会计监督，就应该引进。

三、上市公司会计监督体系之重构

2001年5月，证监会颁发了《关于建立独立董事制度（征求意见稿）》，实践中也有像中国石油化工股份有限公司等上市公司建立了独立董事制度和审计委员会（中国石油化工股份有限公司不仅建立了独立董事制度，而且还引进了独立监事。见《中国证券报》2001年6月22日，《中国石油化工股份有限公司公开发行A股股票招股意向书（摘要）》）。在上市公司引入独立董事制度后，审计委员会作为独立董事履行其会计监督职能的有效实现形式，也必将纳入公司会计监督体系。这样，上市公司如何重构会计监督体系就成为摆在我国广大财务理论和实务工作者面前的现实课题。

（一）公司中的委托代理关系及会计监督体系的层次

由于社会化大生产特别是现代股份公司的发展导致了所有权和经营权的分离，因而也就产生了委托—代理关系。詹森和麦克林将委托—代理关系定义为一种契约关系，在这种契约下，一个人或更多人（委托人）聘用另一个人（代理人）代表他们履行某些服务，包括把若干决策权托付给代理人。例如，在现代股份公司中，作为出资者的股东把资财委托给经营管理机关经营，股东与经营管理机关就构成了委托—代理关系。委托—代理关系不仅存在于企业所有者与经营者之间，还存在于公司内部的各个层面。在组织结构形式为双层制的我国公司里，一般存在以下四个层次委托—代理关系，见表7－1。

表7－1　　　　　　　　四层次委托—代理关系

层次	委托人	代理人	委托—代理关系
1	股东	董事会	股东把资财委托给董事会经营管理
2	董事会	总经理	董事会委托总经理对公司进行日常经营管理
3	总经理	部门经理	总经理委托部门经理对该部门进行日常经营管理
4	部门经理	员工	部门经理委托员工处理业务

在经济学的理性经济人假设下，委托人和代理人具有不同的目标效用函数，代理人所掌握的信息比委托人占优，从而导致信息不对称，产生道德风险和逆向选择。公司治理所要解决的问题就是通过契约安排来确保代理人的利益不受侵害，这种制度安排或组织结构的内在逻辑是通过监督制衡来实现对代理人的约束和激励，以最大限度地满足委托人的效用。制度安排中的监督制衡机制是通过以个人或集体形态存在的监督组织的活动来实现的。这些监督活动涵盖经营管理的各个方面，如财务方面、人事方面、产品生产销售方面，但完成财务、人事、产品生产销售等方面监督活动的监督组织的层次是有区别的，完成财务方面的监督活动的组织需要贯穿四个层次，但完成产品生产销售方面的监督活动的监督组织就不必贯穿四个层次。在公司的组织结构中，与表1中的四个层次委托代理关系相应的四个会计监督层次，即对四个层次的委托代理关系进行会计监督的监督组织就构成了公司的会计监督体系，见表7－2。

表 7-2　　　　　　　　　公司的会计监督体系

层次	委托人	代理人	监督组织
1	股东	董事会	监事会
2	董事会	总经理	审计委员会
3	总经理	部门经理	审计部
4	部门经理	员工	会计

(二) 重构公司会计监督体系的原则

上市公司由于引入审计委员会需要重构会计监督体系。本书认为，在重构会计监督体系时，应该遵循以下原则：

1. 独立性原则

所谓独立性原则，是指监督者应该保持与被监督者的独立。独立性原则要求除了要保持形式上独立，还要保持实质上的独立。所谓形式上的独立，是指对第三者而言的，即监督者必须是在第三者面前呈现出一种独立于被监督者的身份。我国《公司法》中规定监事会成员必须在形式上保持独立的条款，例如，第一百二十四条规定：董事、经理及财务负责人不得兼任监事。日本法律为保持监事会的独立性，还规定大公司（资本金 5 亿日元以上或负债总额 200 亿日元以上）的监事会成员中应包括社外监事（商法特例法 18 条）。所谓实质上的独立，要求监督者在监督、检查被监督者、被检查者时，不偏不倚，保持独立的精神态度和意志。我们在重构会计监督体系时，特别要注意监督者与被监督者保持形式上的独立。

2. 权力制衡原则

所谓股份有限公司组织结构的本质，其基本构成是：以企业所有与企业经营为基础，实行公司内部的权力分配与制衡，集中表现在股份有限公司的"民主型"企业的特征。双层制公司中监事会的目的是为了制衡董事会，单层制公司董事会中的非执行董事是为了制衡执行董事。权力制衡原则要求我们在设计经济业务的制度安排时，应注意政策、程序制定者、执行者和监督者之间三者的权力制衡关系。

3. 成本效益原则

监督体系的重构是一种制度安排。任何一种制度安排，只有它带来的收益超过它的成本时，才有价值。会计监督的收益是指如果不建立、健全或不有效执行监督制度和程序而可能给公司造成的损失。监督也是具有成本的。詹森和麦克林的代理理论，把总代理成本定义为：①委托人的监督成本；②代理人的履约保证成本；③剩余损失。监督成本是指为控制代理人行为而发生的成本，即委托人为衡量、观测和控制代理人所发生的支出，如受托责任审计成本，公司内部监督人员的工资及他们所发生的费用等。

4. 全面性原则

所谓全面性原则，是指会计监督体系应该涵盖所有应该接受监督的领域。凡是涉及与财务有关的制度安排，只要安排这样的合约，并且合约在执行或已执行，就应该受到监督。例如，我国现行的公司制度安排上，由股东大会审议批准注册会计师，但《公司法》没有规定谁负责与注册会计师沟通，谁从公司内部对注册会计师的工作进行评价。审计委员会的引入，正好可以弥补这个"被遗忘的角落"。

5. 非重叠性原则

所谓非重叠性原则，是指会计监督者的职责不应该重叠，即使有相同的监督领域，侧重点也应该不同。职责的重叠意味着在制度安排上，有不同的监督者对同一监督领域进行监督，一方面造成监督者之间的相互推诿，另一方面也会增加监督成本。

6. 权威性原则

权威性原则是指会计监督者的监督结论应受到尊重、得到执行。当然，这种监督结果必须是在监督者根据法律、章程、制度、政策对事实所做出的不偏不倚的判断。只有维护会计监督结论的权威性，会计监督才有意义，公司的财务方针政策才能贯彻实施。

(三) 会计监督体系各层次的职责

1. 监事会的职责

我国《公司法》（1999）第一百二十六条规定了监事会行使的职责，包括：①检查公司财务；②对董事、经理执行公司职务时违反法律、法规或者公司章程的行为进行监督；③当董事和经理的行为损害公司的利益时，要求董事和经理予以纠正；④提议召开临时股东大会；⑤公司章程规定的其他职责。我们认为，在实践中，为加强监事会的会计监督作用，应该对其职责具体化和监督程序的具体化，前者包括：复核董事会拟提交股东大会的财务报告、利润分配方案等财务资料；代表公司与董事交涉或对董事起诉；监事会可对公司聘用会计师事务所发表建议。后者包括：根据公司需要设立日常办公机构，或与其他层次的会计监督一同进行；必要时以公司名义另行委托会计师事务所独立审查公司财务，并可直接向国务院证券监督机构或其他有关部门报告情况。

2. 审计委员会的职责

《关于在上市公司建立独立董事制度的指导意见（征求意见稿）》中规定的上市公司应赋予独立董事的特别职责中与会计监督有关的职权，我们认为应该包含在审计委员会的职责中，具体有：①向董事会提议聘用或解聘会计师事务所；②独立聘请外部审计机构或咨询机构；③对董事会提交股东大会讨论的事项，如需要独立财务顾问出具独立财务顾问报告的，独立财务顾问由审计委员会聘请。① 除了上述三项之外，我们认为，根据国外审计委员会的实践经验和美国、英国等国关于审计委员会的报告，审计委员会的职责还应该包括：①在提交董事会之前，复核财务报告及审计报告；②与注册会计师沟通；③检查公司的内部控制制度；④指导内部审计。

3. 内部审计部门的职责

随着内部管理理论和实践的发展，我国内部审计的职能、对象和领域应该发生大的转变。审计职能应该从单纯的查错防弊向检查、评价内部控制制度，为内部管理服务方面转变；审计的对象从主要是会计报表、账本、凭证及相关资料向内部控制制度转变；审计领域从局限于财务领域向深入管理和经营领域转变。因此，我们认为，上市公司内部审计部门的会计监督应该定位于制度监督，而非核算监督，核算监督的实施主体应该是会计部门、财务部门及会计人员、财务人员。其具体职责应包括：①检查内部控制系统的适用性，并提出改进建议；②检查内部控制系统的有效性；③检查各种经济信息的可靠性和完整性；④检查被审计单位或部门对政策、计划、程序、法律、和条例的执行情况；⑤检查资产安全、资源的节约和有效利用情况；⑥检查业务经营和规划中的既定目标的完成情况。

4. 会计部门、财务部门及会计人员、财务人员的职责

会计部门、财务部门及会计人员、财务人员的会计监督是第一线监督，应该定位于核算监督，即通过审核凭证、核对账簿、审查报表、财产清查、成本

---

① 其中①②项职权，在德国、日本等大陆法系国家的《公司法》中，属于监事会的职权。日本商法特例法3、6条规定：监事会可以选任和解聘会计监察人。德国《股份公司法》第111条规定：监事会可以聘请专家检查公司财务。

计算等手段对经济业务活动、财产物资、会计资料等进行监督。具体职责范围应该包括：①通过审核原始凭证，监督经济业务的真实性和合法性；②通过核对账簿，检查账与实、账与账之间的相符；③通过审查财务报告，从整体上审查财务报告的公允、真实表达和公司运行情况；④通过财产清查，检查现金、银行存款、有价证券、实物资产等公司资产的存在性、完整性及所有权；⑤通过检查财务收支，监督各种收入、费用开支的真实性、合法性及预算控制情况；⑥通过成本核算，监督商品采购、产品生产等过程中的违法违纪、不合理损耗等损害公司利益的行为。

上市公司实行独立董事制度、引入审计委员会后，监事会、审计委员会、内部审计部门和会计部门、财务部门由上而下构成了一个完整的公司会计监督体系。它们分别针对四个层次的委托—代理关系进行监督，没有纵向隶属关系，但可以进行业务指导，形成一个有机整体。

四、如何调动独立董事的积极性

中国证监会于 2001 年 8 月 16 日正式发布了《关于在上市公司建立独立董事制度的指导意见》，标志着上市公司正式引入独立董事制度。人们对独立董事制度寄予厚望，希望独立董事能在监督公司经营管理、提高公司质量、保护投资者权益、特别是广大中小投资者权益等方面积极发挥作用。但现实与理想总存在一定的差距，独立董事制度要真正发挥作用还有待时日，在实施过程中存在一些问题。本书就独立董事制度实施过程中存在的问题归纳成八个方面，分别进行说明，并提出了具体的对策，希望能引起有关方面的关注。

独立董事制度的目的是为了完善上市公司治理结构，促进上市公司规范运作。独立董事的作用是为了维护公司的整体利益，保护广大中小投资者的合法权益。独立董事应恪守诚信与勤勉的原则，认真履行职责。但有些公司请独立董事充当门面，造成独立董事流于形式，有名无实，甚至被人们戏称为"花瓶董事"，这样就违背了建立独立董事制度的初衷。因此，如何调动独立董事的积极性，充分发挥独立董事的作用就成为非常紧迫的现实问题。本书认为：解决此问题宜采取"胡萝卜＋大棒"的对策，即一方面适当给予独立董事津贴，调动独立董事的积极性；另一方面明确规定独立董事的责任，强化独立董事的"参政意识"。

（一）适当给予独立董事津贴

独立董事履行职责过程中付出了劳动，并承担相应的责任，如果上市公司不向独立董事发放津贴，责、权、利不匹配，显然独立董事没有动力履行职责。因此，《关于在上市公司建立独立董事制度的指导意见》第七条明确规定：上市公司应当给予独立董事适当的津贴。但这是一个原则性的规定，不具有操作性。实施过程中就存在"多少津贴才适当"的问题，这个度较难把握。如果上市公司提供的津贴达不到"充足收益率"的程度，独立董事的工作积极性就有限；但如果这种津贴过高，导致独立董事对其形成依赖，影响独立性。根据上市公司给予独立董事津贴的实际情况来看，有的独立董事没有从上市公司领取津贴，有的每月给5000元人民币，有的给3000元人民币，有的一年给10000元人民币不等，一般都采取每月给予固定金额津贴的形式，但各个公司给予的津贴金额存在差别。本书认为，上市公司给予独立董事的金额应由上市公司根据实际情况决定，但不应超过限额，这个限额是监管部门对影响独立董事独立性的重要性程度的判断，应该尽快对此限额做出明确规定。① 发放津贴的形式也不应该采取每月给予固定金额的津贴，而应当结合独立董事担负的责任，付出的劳动统筹考虑，可以采取"董事会议费+专门委员会会议费+车马费"的方式，并且可以适当地以期权激励，提高"参政议政"积极性。

（二）独立性与津贴的问题

独立性是独立董事制度的灵魂，独立董事如果依赖上市公司，就会丧失其独立性。独立董事从上市公司领取津贴，有人认为独立董事会因此与上市公司存在经济利益，丧失其独立性。我们认为：独立董事从上市公司领取津贴，与上市公司存在一定的经济利益，但不能就此断定丧失独立性。这是因为：①我国的独立董事一般都是兼职，有自己固定的工资收入，并不完全依赖上市公司给予的津贴；②独立董事丧失独立性的行为会造成一定的后果，这样会给他（她）带来声誉、经济利益等方面的损失，有的甚至会承担法律责任，只要独立董事从上市公司获得的利益不超过上述机会成本时，就不会贸然做出损害其独立性的举动。

（三）对独立董事的监督、评价问题

《关于在上市公司建立独立董事制度的指导意见》详细规定了独立董事的职

---

① 在美国，如果独立董事在上一财政年度从公司或其下属机构接受了超过6万美元的报酬（包括董事会服务、退休福利计划和其他报酬），就被认为不具独立性。

责以及为履行职责的保证措施，如独立董事最多在 5 家上市公司兼任独立董事；连续 3 次未亲自出席董事会会议的，由董事会提请股东大会予以撤换。独立董事应对其发表的意见、形成的董事会决议、做出的行动负责。如果独立董事没有恪守独立原则，没有认真履行职责，发表不真实的意见，给投资者造成损失的，应承担相应的法律责任。有关方面应当具体规定独立董事所承担的法律责任。

我国的独立董事制度是借鉴国外的成功经验而引入的，在英、美等单层制国家，独立董事制度是为了监督和制衡内部董事而形成的制度。独立董事监督内部董事和管理当局，谁来监督和评价独立董事？如果独立董事的工作得不到有效监督和评价，就不能建立起高效、独立的董事会。根据我国的制度安排，监事会和董事会有权对独立董事实施监督。我国《公司法》第一百二十六条规定了监事会行使的职责包括对董事、经理执行公司职务时违反法律、法规或者公司章程的行为进行监督和当董事、经理的行为损害公司的利益时，要求董事和经理予以纠正。独立董事也是董事，上面的表述明确了监事会对独立董事的监督。在一个完善的公司治理结构中，董事会是具有公司业务执行意思决定与业务监督权限的必要的常设机构，董事会成员之间应是相互制衡、相互监督的关系。这在《中国上市公司治理准则（修订稿）》中得到了体现，第四十条规定董事会下属的薪酬与考核委员会的主要职责包括：负责制订董事、监事与高级管理人员考核的标准，并进行考核。其中也应该包括独立董事。

五、审计委员会如何开展工作

作为独立董事制度一种实现形式的审计委员会，是借鉴英、美等单层制国家成功的经验而引入的。从世界范围来看，会计监督模式有以美国为代表的审计委员会模式和以德国、日本为代表的监事会模式。但一般来说，二者不同时采用①，也就是说，采用了监事会模式的，就不再采用审计委员会模式；而采用了审计委员会模式的，就不再采用监事会模式。我国《公司法》明确了监事会的地位，现在又引入审计委员会，就存在如何协调二者之间关系的问题。我们

---

① 法国法系国家的情况特殊，这些国家的公司既可以采用单层制，也可以采用双层制，故实务中既有公司采用监事会模式，也有的公司采用审计委员会模式，但一家公司一般不同时采用监事会模式和审计委员会模式。

认为,监事会和审计委员会虽然同时出现在公司组织结构里,但二者在职责安排上,监督的领域不同,侧重点不同,二者之间的关系是互补的关系,而不是"非此即彼"的关系。监事会的监督领域在公司的财务方面,侧重于审查公司的财务决策及其执行情况,保护公司资产安全,降低公司财务风险;审计委员会的监督领域在会计审计方面,即检查公司的会计政策和会计程序,保证公司会计信息质量,指导、监督内部审计,与外部审计沟通。公司的财务工作和会计审计工作是密不可分的,同样,监事会对财务的监督和审计委员会对会计审计的监督也是互相联系的,二者可通过定期或不定期的会议沟通或相互交流、提取资料,来协调二者之间的关系。不过,监事会在监督层次上高于审计委员会,有权对独立董事的尽职情况进行监督。

审计委员会制度是英、美等西方国家公司普遍采用的制度,在列入《财富》杂志的 1000 家公司中有 959 家建立了审计委员会;当前,在纽约证券交易所上市公司中,100% 有审计委员会。由于我国刚刚引入审计委员会制度,目前还没有关于审计委员会的具体指南。[①] 从 1987 年美国反对虚假财务报告委员会(Treadway Commission)就审计委员会问题发表的具体指南和 1992 年英国公司治理财务方面委员会(CFACG)提出的著名的《Cadbury 报告》来看,审计委员会传统的工作范围包括财务报告、独立审计师、内部审计和内部控制。审计委员会新的工作范围还包括合规性及社会道德问题。下面是美国一位资深的审计委员会委员根据其多年工作经验得出的有效的审计委员会的具体工作范围:

(一)独立审计师方面

(1)确保独立审计师的独立性和胜任能力;

(2)检查独立审计的范围以及由独立审计师提供的非审计服务及其取得报酬;

(3)检查审计发现的问题以及公司管理部门对这些问题的反映;

(4)在执行会议上定期与独立审计师会面;

(5)为任命独立审计师作推荐工作。

(二)内部审计方面

(1)检查内部审计的职责说明、目标及政策;

---

① 《中国证券报》(2001 年 9 月 11 日)上的《中国上市公司治理准则(修订稿)》第三十八条规定了审计委员会的主要职责。

（2）检查年度审计计划；

（3）检查内部审计有无完成审计计划的经验和资源；

（4）检查发现的重大问题以及公司管理部门对这些问题的反映；

（5）在执行会议上直接与内部审计部主任交换意见并定期会面。

（三）内部控制方面

（1）就审计环境、控制系统和控制程序是否完备询问有关职员、内部审计部门和独立审计师的意见；

（2）确保每一个薄弱环节都得到及时改进。

（四）财务报告方面

（1）监督期中报告程序；

（2）检查财务报表及相关的揭示事项；

（3）检查年度报告中的信息和了解的公司经营实际情况是否一致。

（五）合规性及行为准则方面

（1）检查有关处理非法或不当支出，利益冲突和一般商业道德问题的政策是否充分；

（2）检查每年付给高层管理部门的费用支出。

（六）自我评估

（1）建立书面章程，规定其作用，职责和组织形式；

（2）按照最佳实务原则评估其职责履行的有效性。

六、独立董事与股东制衡

一些人对独立董事制度抱有很大希望，认为独立董事制度将对改进公司治理结构、提高上市公司质量、维护中小投资者利益起到积极的促进作用。但也有一部分人，包括一些专家学者，认为对独立董事制度不要期望太高。他们认为，目前在我国，上市公司66%的股票不流通，53%的股票为国有股，在这样一股独大的股权结构下，不可能从根本上解决问题。著名经济学家张维迎对独立董事的作用作了一个比喻，他说，改善独立董事的作用就如同在麻袋上绣花，不换麻袋很难彻底解决问题，他所说的麻袋是指上市公司的股权结构，社会信誉以及相关法规。另外，独立董事在公司董事会中的比重太低，据有关方面统计，截至2000年我国上市公司中只有204家设立了独立董事，人数为314名，约占上市公司全部人数的 3%。① 根据《关于在上市公司建立独立董事制度的指导意见》的要求，在 2002 年 6 月 30 日前，上市公司董事会成员中应当至少包括 2 名独立董事；在 2003 年 6 月 30 日前，上市公司董事会成员中应当至少包括三分之一独立董事。即使到那个时候，独立董事在董事会中仍然没有构成优势群体。国外独立董事作用的有效发挥是建立在其在董事会中具有明显的群体优势和表决权优势的基础上，据经济合作和发展组织（OECD）有关报告，1999 年世界主要企业董事会中独立董事所占比例都比较高，其中美国为 62%，英国为 34%，法国为 29%。在一股独大的股权结构和独立董事在董事会中处于人数劣势的情况，如何更好地发挥独立董事的作用？本书认为，可以采取以下两种对策：

（一）股东大会在董事选举中引入累计投票制

1. 什么是累计投票制

累计投票制（Cumulative Voting）是与直接投票制（Straight Voting）相对应的一种投票表决方式。根据美国示范公司法 §7.28 的规定，累计投票制是指"股票持有人有权把他们自己有权投的票数乘以应选出的董事数，然后把这些累计票数都加在一位候选人身上或分配给两个以上的候选人。"例如，某股东拥有 1 万股表决权股，要选出 11 位董事。按直接投票制，股东对每一位董事候选人都有 1 万票表决权；而按累计投票制，股东可以把 11 万票表决权全部投给一个董事候选人，从而增大其推选的候选人当选的机会。

2. 累计投票制的起源、发展和现状

从政治学的角度，累计投票制起源于英国。而在公司法发展历史上，美国伊利诺伊州最早在 1870 年宪法中规定公司应采取累计投票制，至 1955 年，美国有 20 个州在法律中规定采取该制度。但由于现代公司的兴起，作为公司管理者的董事希望有特别的规定保护自己的利益，不因采取累计投票制而担忧自己"流落他乡"。于是，特拉华州为吸引大公司来该州注册，发展本地经济，便废除原有立法，并对经营管理者权益加以保护，这样一来，大公司纷至沓来，在纽约交易所上市的最大 500 家公司中，有一半在该州登记注册。其他州纷纷仿效特拉华州，取消累计投票制。至 1992 年初，美国各州立法中只有 7 个州仍保留了该制度，并且都是肯塔基等工商业不发达地区。从世界范围来看，除了我国台湾《公司法》订有强制性条款外，其他国家（地区）一般都是非强制性规定，

---

① 转引自《聚焦独立董事》，央视国际网络，2001 年 7 月 18 日。目前独立董事人数可能增加，比例可能上升了。

由公司决定是否在章程中规定采取累计投票制。

3. 累计投票制的评价

累计投票制的好处是明显的，它可以使少数股东选出代表其利益的代表，在董事会中监督、制约大股东，以防止其滥用权力。但从美国公司立法的发展历史来看，累计投票制经历了由盛到衰的过程。反对累计投票制的意见主要有：第一，在公司结构下，任何控制权的自由转移都不应进行干预；第二，累计投票制使少数股东有面对面与公司讨价还价甚至阻挠的机会，更有可能在董事会上另立山头，从而使公司董事会经常处于议而不决的危险之中。

4. 强制执行抑或自愿实施

我国《上市公司治理准则（修订稿）》第二十九条规定：股东大会在董事选举中可以采用累计投票制，采用累计投票制的公司应在公司章程里规定该制度的实施细则。但我们认为，应该规定在上市公司中强制执行累计投票制。这是因为：①我国目前乃至今后相当长的一段时间内，仍将维持股权集中、一股独大的局面，大股东完全可以凭借所持股份表决权选出自己满意的董事，操纵股东大会和董事会，从而可能做出损害其他投资者利益的事情；②近一段时间发生的如猴王、三九医药等恶性事件，都是因为没有人监督大股东，导致上市公司成了大股东的提款机，把上市公司掏空，严重损害了广大中小投资者的信心；③累计投票制虽有助于收购委托书之风盛行，使企图夺取经营管理权且视经营管理权为既得利益者有机可乘，从而影响公司董事会的内部协调、经营管理，但这种说法在目前和将来很长一段时间内很难成立，因为少数股东对董事会的影响毕竟有限，尚不足以单独影响到董事会和股东大会的地步，但一旦大股东做出损害小股东利益的决定时，可联合独立董事对抗大股东，从而起到制衡大股东的作用；④如果有关法律法规不做出强制性的规定，可能自愿选择累计投票制的上市公司不会多，因为从道理上讲，大股东不愿意把可能选出将来会成为"绊脚石"的人选入董事会的累计投票制写进公司章程里，这样，就不会实现"充分反映中小股东意见"的初衷。

（二）限制大股东在董事会中的人数

在独立董事人数少、在董事会中所占比例低的情况下，为了充分制衡大股东，本书认为，可以采取限制大股东在董事会中人数的方法，明确规定：大股东在董事会中的人数不应超过一半，即独立董事人数＋其他股东人数≥大股东人数，以解决大股东控制董事会的问题，更加有利于独立董事发挥作用。

(三)独立董事的角色——"顾问"抑或"监督"

一般认为,独立董事的作用有二,一是顾问作用,二是监督作用。作顾问,是不承担责任的,而对公司董事、高级管理人员的监督,若监督失职是要承担责任的。法律、法规上强调的是"监督",因此,独立董事应该清楚地认识到自己的"角色",把主要精力放在"监督"而非"顾问"上,认真履行自己的职责,否则是要承担责任的。

七、独立董事的失职问题和独立董事责任保险制度

"红光事件""亿安黑庄"和"银广厦陷阱"等恶性案件使广大投资者纷纷拿起法律武器,状告有关责任人,提取诉讼。有关责任人除了承担行政责任、刑事责任外,还要承担民事责任。《中国上市公司治理准则(修订稿)》第一章第(七)项就是鼓励股东进行民事诉讼,其中的第二十四条规定:股东大会、董事会的决议违反法律、行政法规,侵犯股东合法权益,或董事、监事、高级管理人员履行职务时违反法律、行政法规或者公司章程的规定,给公司造成损害的,股东有权要求赔偿损失。鼓励股东按照法律、法规的规定,通过提出民事诉讼的方式获得赔偿。独立董事也是董事,当董事会的决议或他(她)履行职责时,违反法律、法规或公司章程,给公司造成损失,也要承担相应的责任。因此,独立董事应该严格遵守法律、法规和公司章程,坚决维护公司整体利益,特别是中小投资者利益。独立董事可以要求上市公司建立独立董事责任保险制度,以降低正常履行职责可能引致的风险。

附录 A　　中国大陆企业财务管理的体制与目标[①]

一、中国大陆企业财务的一个重要特点

中国大陆经济是公有制为主体、多种经济成分共同发展的经济。几十年来，国有企业在国民经济中一直占据主导地位，国有企业上交的利税历来是财政收入的主要来源。

以工业企业为例，中国大陆工业总产值 1965 年为 1402 亿元人民币，其中国有工业企业为 1262 亿元，占 90%，1980 年工业总产值为 5154 亿元，其中国有工业企业为 3915 亿元，占 76%；以后随着改革开放，各种经济类型的工业企业兴起，国有工业企业的工业总产值占全部工业总产值的比重有所下降，但仍占主导地位，到 1993 年工业总产值为 52691 亿元，其中国有企业为 22724 亿元，占 43%（见表 A-1）。

表 A-1　　1985—1993 年各种经济类型工业企业单位数和总产值

年份	总计	国有工业	国有工业占总计%	集体工业	城乡个体	其他经济类型工业
企业数（万个）						
1985	518.53	9.37	1.81	174.21	334.78	0.17
1990	795.78	10.44	1.31	166.85	617.60	0.88
1993	991.16	10.47	1.06	180.36	797.12	3.21
工业总产值（亿元人民币）						
1952	349.00	144.97	42	11.38	71.79	120.86
1957	704.00	378.54	54	133.97	5.84	185.65
1965	1402.00	1262.78	90	139.22		

[①] 《海峡两岸财务、会计学术研讨会》《海峡两岸主计与财务管理学术研讨会》（1995.9 台北）报告论文。论文内容发表的刊物："中国大陆市场经济条件下企业财务管理的目标与体制"，台湾《主计月报》。第八十一卷，第 6 期，1996 年 6 月 1 日出版。"企业财务管理的若干问题"，《中南财经大学学报》，1996 年第 3 期，（人大报刊复印资料《财务与会计》，1996 年 7 期）。

续表

年份	总计	国有工业	国有工业占总计%	集体工业	城乡个体	其他经济类型工业
工业总产值（亿元人民币）						
1970	2117.00	1854.70	88	262.30		
1980	5154.26	3915.60	76	1213.36	0.81	24.49
1985	9716.47	6302.12	65	3117.19	179.75	117.41
1990	23924.36	13063.75	55	8522.73	1290.30	1047.56
1993	52691.99	22724.67	43	20213.21	4402.05	5352.06

如从独立核算的工业企业来看，1993年国有工业企业的企业数为80586个，只占全部独立核算工业企业数449216个的18%，但工业总产值却占全部独立核算工业企业的56%。此外，1993年独立核算国有工业企业资本金、销售收入、销售税金及附加、利税总额分别占全部独立核算工业企业的62%、59%、71%、63%（见表A-2）。如考虑到股份制经济、中外合资企业中的国家股，国有经济在全部工业总产值中占的比重更大。

表A-2　　1993年各种经济类型独立核算工业企业经济指标比较　　单位：亿元人民币

	总计	国有经济	国有经济占比（%）	集体经济	股份制经济	外商投资经济	港澳台投资经济
企业数（个）	449216	80586	18	339617	2579	8434	11621
工业总产值	39693.00	22087.95	56	11888.40	1460.68	1852.98	1761.25
工业增加值	12842.63	7280.97	57	3831.62	459.68	572.93	507.97
资本金	20457.47	12617.89	62	3220.36	810.47	950.65	2674.70
销售收入	38084.13	22643.48	59	10114.22	1433.40	1740.88	1549.89
销售税金及附加	2321.23	1637.44	71	466.58	81.40	66.52	44.97
利润总额	1602.44	817.26	51	377.85	164.66	132.55	83.06
利税总额	3923.67	2454.70	63	844.38	246.06	199.03	128.00

再看国家财政分经济类型收入（见表A-3)[①]，从国有企业取得的收入占该

---

① 表A-1、表A-2和表A-3数据来源于《中国统计年鉴1994》。

类财政收入的比重，1965 年为 86%，1980 年为 85%，1985 年为 73%，1990 年为 70%，1993 年为 65%（请注意，在近几年国有企业处于大面积亏损的境况）。

表 A-3　　　　　　　　国家财政分经济类型收入　　　　单位：亿元人民币

年份	国有	国有经济占比（%）	公私合营	集体	个体私营经济	其他	合计
1952	101.01	58	1.91	2.09	67.21	1.72	173.93
1957	218.78	71	26.70	51.83	8.31	4.42	310.04
1965	407.32	86	—	60.78	5.22	—	473.32
1970	582.39	88	—	77.27	3.24	—	662.90
1980	889.58	85	—	146.27	6.36	0.01	1042.22
1985	1343.80	73	—	400.32	75.00	18.04	1837.16
1990	2198.88	70	—	545.15	230.36	159.95	3131.34
1993	3082.20	65	—	850.76	552.25	245.06	4730.27

从以上数据可以看出，国有企业在大陆国民经济中一直占有十分重要的地位。尽管改革开放以来，其他经济类型企业，如乡镇企业、股份制和外商投资企业蓬勃发展，国有经济在国民经济中的比重下降，但国有经济的主体地位仍未动摇，国有企业上交的利税历来是、目前仍然是国家财政的主要来源。

由于国有企业在国民经济和国家财政收入中的重要地位，以及长期由国家对国有企业实行直接管理经营的企业制度，大陆企业财务历来的一个重要特点就是，企业财务与国家财政关系密切，政府对企业财务的控制、管理和干预较西方国家多。国家在设计、确立财务体制和制订财务制度时，首先要考虑国有企业，以国有企业为对象，然后兼及、扩展到其他类型企业。长期以来，这个特点极大地影响了我国企业财务的管理体制以及财务管理的理论和方法。所以，研究中国大陆的企业财务问题，一定要清楚地认识到这个特点，并了解它对各方面的影响。

二、中国大陆企业财务管理体制的改革与完善

（一）大陆企业财务管理体制改革的回顾

本书主要讨论国家与企业之间的财务管理体制。长期以来，"财务管理体制"一直是指如何处理国家与国有企业之间的财务关系问题，包括资金的筹措供应、收支安排、投资管理、收入分配、专用基金建立和使用等方面。

大陆高度集中统一的财务管理体制是在 20 世纪 50 年代时期建立的。50 年代初期，国民经济面临极度困难，财政赤字、物价飞涨。为了迅速恢复国民经济，争取财政经济状况的好转，当时采取了统一全国财政收支、统一全国物资调度和统一全国现金管理的重大措施。与此相适应，国家也采取了系列措施，迅速整顿和统一了财务会计工作，建立了高度集中的财务管理体制。该财务管理体制的主要特点是：①由国家直接管理经营企业；②企业所需的基建投资全部由国家无偿拨付；③企业提取的折旧基金全部上缴财政，企业需要重新购置固定资产由财政拨款解决；④企业的流动资金由财政和银行分别供应，⑤企业利润全额上交国家，亏损则由国家弥补；⑥试行企业奖励基金制度和超计划利润分成制度，企业在完成国家批准的生产、销售和财务计划以后，可以从利润中按规定比例提取企业奖励基金和超计划利润分成。

这一时期高度集中统一的财务管理体制，在当时形势下对较快地积累建设基金、保证国民经济发展的需要，起了积极的作用。但由于过分强调集中，限制了企业的主动性和积极性。其缺陷在以后的经济建设中日益暴露出来。从 50 年代末期起，企业财务管理体制经历了多次变革，但都是围绕着这个模式转来转去，财务体制改革的内容主要是围绕着上述几个方面进行的。

1993 年，经过多年的经济体制改革，企业的经济类型构成已从以前的国有企业一统天下的局面，转变成为多种经济成分共同发展的形势，迫切需要一个适用各种经济类型企业的财务管理体制和制度。并且旧的企业财务制度的缺陷也日益凸显出来：由于不同企业财务制度不统一，不利于企业公平竞争；某些财务制度规定过细、过死，不利于企业转换经营机制和政府转变职能；没有体现资本保全的原则，不利于保护投资者和债权人的权益；与国际惯例差别较大，不利于进一步扩大对外开放。因此，1993 年又全面推行了财务、会计制度改革，构造了新的财务制度体系，对企业建立资本金制度，实行税后利润分配，改革了固定资产折旧、成本管理等制度。初步适应了市场经济发展的需要。

（二）现代企业制度建立与企业财务管理体制的完善

企业财务体制与企业制度是密切相关的。与中国大陆的企业制度改革一样，几十年来，企业财务管理一直未脱离国家直接经营管理国有资产的模式，企业财务管理体制改革一直只在如何处理国家对国有企业的资金供给形式、国家与国有企业的分配关系、集中财力和扩大企业财权上，即"放权让利"上绕圈子。经过这么多年漫长而艰难的探索，直到建立市场经济条件下的现代企业制度，我们才发现找到了解决问题的钥匙。

中国大陆传统的企业制度，特别是国有企业制度，实质上是一种国家高度集权体制下行政管制性的企业制度。这种企业制度是20世纪50年代初形成的，它和整个经济体制一道，是按照苏联的模式构建的。其特点是：企业的财产归全民所有，按照政资合一的原则，由国家统一组织管理，企业的经营活动则按政企合一的原则，由政府直接管理；企业既无财产支配权，也无经营自主权，一切由国家安排，从生产经营计划、原材料、设备、劳动、工资，到产品价格、销售，无论什么事情都要报政府部门审查批准；企业产权关系模糊，政府的企业主管部门和各综合经济管理部门都可以以所有者的身份行使所有者的权益，但经济责任无人承担。这种传统的企业制度造就了高度集权的财务管理体制。

建立现代企业制度，是发展社会化大生产和市场经济的必然要求。按照现代企业制度的要求，企业的所有权与管理权分离，国家拥有国有资产的所有权，但不直接干预企业的生产经营活动；企业成为法人实体，拥有包括国家在内的投资者投资形成的全部法人财产权，享有民事权利、承担民事责任，依法自主经营，自负盈亏，照章纳税，对投资者承担资产保值增值的责任；投资者按投入企业的资本额享有资产收益、重大决策和选择管理者的权利，企业破产，投资者只以投入企业的资本额对企业债务负有限责任。

建立现代企业制度最重要的一项原则是，政企职责分开、政府的社会经济管理职能和国有资产所有者的管理职能分开。这也是我们改革企业财务管理体制的一项重要原则。

经过这些年的改革，我们的财务管理体制已逐渐由政府的直接管理向间接管理转变。但如仔细审视，我们发现，目前的财务管理体制尽管在企业资金供给、资产的使用支配权、企业经营权、收入分配等方面已有很大的转变，但财务管理制度改革仍未跳出政府直接管理经营国有资产的财务管理模式的圈子。

1993年的财务、会计制度改革以后，新的企业财务制度体系由三个层次组成：①企业财务通则，②分行业的企业财务制度，③企业内部财务管理办法。政府依然从上到下地统御着企业的财务管理。而且，目前这种《企业财务通则》和《企业会计准则》并存，分行业的企业财务制度与分行业的企业会计制度并存的现象给人一种叠床架屋、别别扭扭的感觉。究其原因，我们认为，一是由于国有企业在国民经济中的重要地位、国有企业上交的利税历来是财政收入的主要来源、企业财务与国家财政关系密切的考虑，二是政府直接管理经营国有资产的传统财务管理模式的影响和政府直接管理企业财务的习惯思维，导致了这种状况的存在。

为适应市场经济的发展，在现代企业制度基础上，政府国家对企业的财务管理体制应由直接的参与和管理形式变为间接的调控。政府对企业的财务管理应主要通过立法、颁布各种法规，制定各种产业政策，运用税收、利率等经济杠杆，营造合适的经济环境等形式来进行。

我们认为，当政府对企业的财务管理由过去凭借所有权的直接参与和管理转为面向全社会的间接管理以后，由政府综合部门（财政部）制定颁布企业财务制度已没有必要了。考虑到国有企业在国民经济中的重要地位和国有资产管理的重要性，可结合现代企业制度的建立，由国有资产管理部门颁布"国有企业财务管理制度"，在国有企业中执行。而目前的《企业财务通则》和"分行业的企业财务制度"则应撤销。现行《企业财务通则》和"分行业的企业财务制度"中的内容，部分可归于关经济法规中（实际上，有的内容已存在于有关法规中），如公司法、税法、产业政策等，部分可归于"会计准则"和"分行业会计制度"中。这样，我们的企业财务管理体制会更完善，更能适应市场经济的发展，同时也与国际惯例一致了。

三、企业财务管理的目标

（一）西方的观点

在西方国家，对企业财务管理的目标，有三种主要的观点：

（1）利润最大化；

（2）每股收益额最大化；

（3）股东财富最大化。

前两种观点均具有积极的意义，但也有其不足之处。利润最大化没有考虑利润取得的时间及取得的利润与投入资本的关系，每股收益额最大化观点弥补了第一种观点的两个不足，但没有考虑到目前利益和长期利益的关系，没有反映收益的风险。而股东财富最大化则充分考虑了企业短期利益和长期利益、目前和未来的营利能力、风险等因素。因此，股东财富最大化观点成为目前西方流行的观点。

（二）中国大陆企业财务管理目标的发展

由于不同时期政治经济形势的不同，大陆企业财务管理的目标也相应发生着变化，历史地看，可归为以下三个时期或说有三种观点：

1. 计划经济体制下，企业财务管理的目标是总产值最大化

相当长的一段时期，在高度集权的计划经济体制下，企业作为国家生产计划执行单位，其主要任务就是执行和完成国家下达的总产值指标。对企业业绩的评价、领导人的升迁、职工的利益等，均主要由总产值的完成情况来定。在一定的时期，以总产值最大化作为企业财务管理的目标曾起了积极的作用，但随着时间的推移，这一目标存在的缺点也暴露出来。该目标的主要缺点：①重产值轻效益，在完成产值目标的支配下，只要能增加产值，尽管无利润或亏损、甚至产品卖不出去，企业仍愿意生产，往往出现企业产值计划完成很好或超额完成，却亏损累累的情况。②只管生产不管市场，由于企业产品只要完工入库，就可计算产值，因此企业只重视完成产值计划和增加产值，不管产品是否能卖出去，经常出现企业仓库产品堆积如山，卖不出去，企业照常生产的情况。③只讲数量不讲质量品种。以总产值最大化作为企业财务管理的目标是与计划经济紧密联系在一起的，是计划经济体制的产物。

2. 经济体制改革以来的一段时期，企业财务管理以利润最大化为目标

20世纪80年代，随着经济体制改革的进行，中国大陆以往的产品经济向商品经济转变，企业的经营自主权不断扩大，国家逐渐将利润作为考核企业经营业绩的首要指标，企业领导与职工的切身利益（工资、福利和奖金水平）同企业实现的利润较紧密地联系在一起，逐使利润最大化成为企业财务管理的目标。

以利润最大化为目标，在一段时期发挥了很大的积极作用，促使企业讲求经济核算，改进技术，加强管理，提高劳动生产率，降低成本，关心市场，提高产品质量，开发新产品，也扭转了以往那种"只算政治账，不算经济账"的极左观念。但以利润最大化为目标也产生了不少问题，主要表现在企业经营者急功近利、短期利益行为严重。企业经营者为了在其经营期间使利润最大，拼设备，物资损失不入账，积压物质不处理，甚至在账上弄虚作假，许多企业名盈实亏、收益质量不高，财务健康堪忧。近几年，以利润最大化为目标的观点已招致不少批评。

3. 在建立市场经济条件下，以企业资产保值增值为企业财务管理的目标

企业资产保值增值主要是针对前述由于追求利润最大化而产生的短期利益行为、加强对国有资产和股份制企业的规范管理而提出来的。人们已认识到，

如果利润增多了，而随之而来的是资产贬值和暗亏，对股东来说实际是更大的损失，如果企业在赢利的同时，企业的资产价值增多了，生产能力强大了，则企业会有更持久的、发展的赢利能力，并有更大的抗风险能力。在大陆，企业应使其资产"保值增值"的看法已得到各方面的认同，如国务院1994年7月颁布的《国有企业财产监督管理条例》中就一再提到国有资产的保值增值。

（三）企业财务管理目标的研讨

以下，我们对企业财务管理目标的若干问题进行探讨。

1. 企业管理目标与企业财务目标的关系

企业是一个以营利为目标的组织，这点在中国大陆，目前已成共识。围绕营利这个目标，企业管理的目标包括：企业的存续；避免财务困境和破产；扩大企业规模；扩大市场占有份额；战胜竞争对手；开发新产品；降低成本；获取最大利润；保持利润稳定增长；等等。

企业财务管理的目标与企业管理的目标应是一致的和相关的。例如，企业要盈利，要使资本增值，首先要保证企业的存续，避免财务困境和破产，需要经常注意保持资产的流动性和企业财务的健康。

2. 宏观财务管理

企业是国民经济的细胞，企业管理的各项目标必须与整个国民经济的总体目标协调，企业的行为必须受制于国家的宏观经济政策。因此，研究企业财务管理不能脱离宏观的经济环境。

在不同的时期，都存在着国家的宏观财务管理，宏观财务管理的形式也与当时的经济体制紧密联系。

在高度集中的计划经济管理体制下，企业财务管理被认为是财政体系的组成部分，是国家财政的基础。宏观财务管理行使的是一部分公共财政的职能，对企业实行统收统支的管理形式，企业财务管理人员以国家财务制度的执行者和监督者身份出现，企业的财务管理工作主要是资金收支、使用的监督和管理，而资金的筹集供给、投资决策等财务管理活动，则由国家宏观财务管理活动所行使了。这时，宏观财务管理行使的是直接的参与和管理。

随着经济体制改革的进行，国家宏观财务管理与企业微观财务管理职责不分的情况逐渐改变，企业逐渐有了自主经营权、筹资、投资的自主权。同时，随着非国有经济成分的扩大，以往直接管理国有企业的宏观财务管理形式已不适用，转变为以间接的方式行使宏观财务管理。

如前所述，在市场经济条件下，宏观财务管理主要处理国家与企业之间所形成的各种财务关系，包括企业与财政、税务、银行等方面的关系，主要通过制定各种法规、制度、政策，运用税收和利率等经济杠杆，以及营造合适的经济环境来对企业的财务活动进行指导和调控。

3. 国有资产管理模式与企业财务管理目标

由于国有企业在国民经济中的重要地位，国家对国有资产的管理模式会极大地影响企业管理活动的内容和企业财务管理活动的内容。在高度集中的计划经济体制下，国家直接管理经营企业，企业只是作为一个计划执行单位，企业财务管理的内容仅仅是资金的收支，企业财务管理也仅以完成生产产值任务为目标。在市场经济条件下，按建立现代企业制度的模式管理国有企业，政府的社会经济管理职能和国有资产所有者的管理职能分开，政府不直接干预企业的生产经营活动，企业成为独立的法人实体，自主经营、自负盈亏。企业财务管理活动包括资金的筹集、运用、正确处理各方面的财务关系等全部财务管理的内容。企业财务管理的目标也转为以对所有者承担资产保值增值的责任，追求所有者财富最大化为目标。

4. 企业财务目标与企业的社会责任

企业的活动会影响到社会生活的各个方面，如就业、社会安定、资源保护、环境保护、社会发展等。企业作为社会的一个细胞，在追求自己的目标时，还应担负起一定的社会责任。

企业在追求自己的财务利益时，往往会与其社会责任发生矛盾和冲突。例如，资源和环境保护方面，一些企业尽管很能赢利，但却破坏资源、污染环境。又如，有的地企业为了赚钱，竟从发达国家进口洋垃圾，极大地污染了当地的环境和当地居民的身体健康，这种行为就是违背了企业的社会责任，应该受到社会的谴责和法律的制裁。

因此，讲企业财务管理目标时，还应讲企业的社会责任。实际上，社会发展到今天，企业财务决策时，如不考虑其社会责任，最终会受到社会的惩治，企业的财务目标也难以达到。

5. 企业财务管理的目标

从以上讨论，我们可以再定义市场经济条件下企业财务管理的目标为：保证企业财务健康、有效运用资金，处理好各方面的财务关系，使企业资产保值增值、所有者财富最大化；同时，这个目标还应受到企业社会责任的约束。

保证企业财务健康,是为了企业的存续,企业只有存续下去,才谈得上获利这是实现企业财务管理目标的必要条件。有效运用资金包括筹集企业经营和发展所需的资金并有效地运用,以及处理好各方面的财务关系是企业财务管理活动的主要内容。资产保值增值、所有者财富最大化,也即企业价值最大化是企业财务管理的最终目标。应指出的是,这里所说的所有者财富最大化是指一定长的时期而言,就短期而言,往往是较大化。

四、企业经济效益评价指标体系与企业财务管理的目标

国家对企业所考核的经济指标反映和引导着企业的财务管理目标。

国家考核企业的经济指标的项目和数量随着国家对经济重视程度的提高和经验总结,有一个相应的发展过程。以下我们以工业企业为主,分财务、会计制度改革(1993)前后两个时期,简要回顾一下中国大陆的企业经济效益评价指标。

1. 1993年财务、会计制度改革前,国家考核企业的经济指标

1972年《全国计划会议纪要》提出7项考核企业的经济指标:产量、品种、质量、消耗、劳动生产率、成本、利润。1975年4月国家计委召开的《全面完成各项指标,实行多快好省》的经验交流会上,又增加了考核流动资金占用指标。1978年《工业三十条》中,正式确定考核上述八项指标。1979年试行扩大企业自主权的企业,国务院有关部门规定只考核产量、质量、利润、供货合同四项指标。1982年国家经委、计委、统计局等六个单位联合规定了考核企业经济效果的十六项指标:①工业总产值和增长率;②主要工业产品产量计划完成情况;③主要工业产品质量稳定提高率;④工业产品优质品率;⑤主要工业产品的原材料及燃料动力消耗降低率;⑥每百元产值消耗能源和降低率;⑦工业企业销售收入和增长率;⑧工业企业实现利润和增长率;⑨工业企业上缴利润增长率;⑩工业企业产值利税率;⑪工业企业销售收入利润率;⑫工业企业定额流动资金周转天数和加速率;⑬工业企业成品资金占用额和降低率;⑭工业企业可比产品成本降低额和降低率;⑮工业企业全员劳动生产率和增长率;⑯工业企业职工重伤及死亡率。

这些考核指标是与高度集中的计划经济体制相联系的,指标中不仅有财务方面的指标,而且还包括产品产量、质量、劳动等方面的指标,财务指标放在次要地位。

2. 1993年财务、会计改革以后,国家评价企业的经济效益指标

随着大陆市场经济的发展,现代企业制度的建立,国家对企业的管理体制

由直接管理过渡到间接管理,对企业的业绩也由考核改为评价,国家评价企业的经济指标也以财务指标为主。财务评价指标构成了财务管理体制的一个部分。

1992 年财政部颁布、1993 年开始实行的行业财务制度规定了对企业的财务评价指标。如《工业企业财务制度》规定的财务评价指标包括资产负债率、流动比率、速动比率、应收账款周转率、存货周转率、资本金利润率、销售利税率、成本费用利润率 8 项。

1995 年财政部"财工字〔1995〕7 号"文又颁布了新的企业经济效益评价指标体系,包括 10 项指标,并正在制定具体考核办法,拟定各项指标的权数、行业标准值以及综合评分办法等。这 10 项指标是:

(1) 销售利润率。销售利润率 = 利润总额 × 产品销售净收入 × 100%

(2) 总资产报酬率。总资产报酬率 = (利润总额 + 利息支出)/平均资产总额 × 100%

(3) 资本收益率。资本收益率 = 净利润/实收资本 × 100%

(4) 资本保值增值率。资本保值增值率 = 期末所有者权益总额/期初所有者权益总额 × 100%

(5) 资产负债率。资产负债率 = 负债总额/资产总额 × 100%

(6) 流动比率,包括速动比率。

(7) 应收账款周转率。应收账款周转率 = 赊销净额/平均应收账款余额 × 100%

(8) 存货周转率。存货周转率 = 产品销售成本/平均存货成本 × 100%

(9) 社会贡献率。社会贡献率 = 企业社会贡献总额/平均资产总额 × 100%

企业社会贡献总额即企业为国家或社会创造或支付的价值总额,包括:工资(含奖金、津贴等工资性支出),劳保退休统筹及其他社会福利支出,利息支出净额,应交增值税,应交产品销售税金及附加,应交所得税及其他税收、净利润等。

(10) 社会积累率。社会积累率 = 上交国家财政总额/企业社会贡献总额 × 100%

上交国家财政总额包括:应交增值税、应交产品销售税金及附加、应交所得税及其他税收等。

以上不同时期的经济效益指标体系也从另一个侧面反映了不同时期的企业财务管理目标。

1995 年颁布的 10 项财务指标与之前的 8 项指标比，不仅包括了反映企业偿债能力、营利能力和管理效率方面的指标，还增加了反映企业资本保值增值和社会责任方面的指标。尽管还有不尽人意之处，但这已是很好的完善，对企业的财务管理目标是一个很好的导向。说明中国大陆财务管理体制在适应市场经济发展方面已取得长足的进展。

附录 B　论我国企业财务评价指标体系的改进[①]

一、我国企业财务评价指标体系的历史演进

(一) 中华人民共和国成立至《企业财务通则》出台前的企业财务评价

中华人民共和国成立后，经过 3 年国民经济的恢复时期，进入大规模经济建设的"一五"时期，国家对整个国民经济实行严格的计划管理，由此形成了一套与计划管理相适应的国营企业财务管理体系。这一体系以资产管理、成本管理和利润管理为主要内容，以计划控制为基本环节。与之相适应，"一五"时期企业财务评价指标包括有关资产、成本、利润方面的内容，具体地说，固定资金方面为固定资产产值率；流动资金方面以定额流动资金周转率（或周转期）为主，也计算和分析全部流动资金（或周转天数）；成本方面有可比产品成本降低率和全部产品总成本比计划总成本降低率；利润方面主要有利润总额和利润率，利润率一般计算销售成本利润率、销售利润率和资金利润率 3 种。亦即，这一时期的企业财务业绩评价指标体系主要有：固定资产产值率、定额流动资金周转天数、可比产品成本降低率、利润总额完成率、销售成本利润率、资金利润等。从 20 世纪 50 年代后期至 90 年代《企业财务通则》出台前，企业财务评价体系基本上沿袭了"一五"时期的评价指标体系。考核指标仍以资金、成本、利润为重点。

(二)《企业财务通则》试行至财政部《企业经济效益评价指标体系（试行）》出台前的企业财务评价

进入 20 世纪 90 年代后，计划经济逐步被市场经济所取代，原有的适应于计划经济体制下的较单一的企业财务评价指标体系已完全不能适应市场经济对企业财务评价的要求。于 1993 年 7 月颁布实施的《企业财务通则》规定，企业业绩评价指标体系由 8 个指标构成，分别为资产负债率、流动比率、应收账款周转率、存货周转率、资本金利润率、销售利税率、成本费用利润率等，分别从偿

---

① 新经济时代的会计、财务问题研究 [M]．北京：中国财政经济出版社，2004．

债能力、营运能力和获利能力方面对企业的经营业绩进行全面、综合地评价。

然而,《企业财务通则》规定的财务业绩评价指标体系也在一定程度上受到传统财务管理模式的影响,该套财务业绩评价指标体系仍然带有计划经济体制的痕迹,不能很好地适应我国经济体制改革深化和政府职能转变的需要,如在评价指标体系设置中仍侧重政府部门管理的需要,这在反映营利能力的销售利税率等指标上体现得尤为明显。另外,没有充分体现投资者要求以及企业综合经济效益提高的要求。

(三)财政部《企业经济效益评价指标体系(试行)》颁布至国有资本金效绩评价指标体系出台前的企业财务评价

1993年11月党的十四届三中全会通过的《关于建立社会主义市场经济体制若干问题的决定》强调,我们必须进一步转换国有企业经营机制,建立与市场经济相适应的产权清晰、权责明确、政企分开、管理科学的现代企业制度,这无疑为我国企业财务制度的改革与创新奠定了坚实的基础。

根据建立现代企业制度的要求,财政部在反复研究和论证的基础上,于1995年制定和颁布了《企业经济效益评价指标体系(试行)》。这套指标体系由销售利润率、总资产报酬率、资本收益率、资本保值增值率、资产负债率、流动比率(或速动比率)、应收账款周转率、存货周转率、社会贡献率、社会积累率等10项指标构成。其中属新设计增加的指标有总资产报酬率、资本保值增值率、社会贡献率、社会积累率。

新的经济效益评价指标体系对强化企业财务管理起着重要的促进作用。首先,引导企业从过去注重追求产值、追求高投入逐步转向注重提高企业综合经济效益,增强资本保全意识,正确处理好国家、企业和职工三者之间的关系。其次,有利于开展企业之间的横向比较。企业可以通过同国内外同类企业之间的比较,找到自己在同行业中的位置,找出自己的差距,从而加强管理,挖掘潜力,达到提高经济效益的目的。第三,有利于投资者、债权人及相关人士对企业财务业绩做出较综合的评价,从而对企业的经营管理水平做出正确的评价。

然而,作为一整套指标体系,仍存在层次上指标平行排列、主次不明、指标的选取诸问题。

(四)国有资本金效绩评价体系出台后的企业财务评价

在市场竞争主体更加平等、一些国企不再受国家强有力保护的条件下,为了有效地对企业的经营业绩进行科学评价,财政部等四部委于1999年6月1日联合印发了《国有资本金效绩评价规则》及《国有资本金效绩评价操作细则》，2002年2月修改制定了《企业效绩评价操作细则（修订）》，对国有企业的业绩评价进行了重新规范，重点是评价企业资本效益状况、资产经营状况、偿债能力状况和发展力状况四项内容，以全面反映企业的生产经营状况和经营者的业绩。对这四项内容的评价由8个基本指标、16个修正指标和8个评议指标共三大层次32个指标完成。这是我国财务评价指标体系第一次形成结构清晰、层次分明、内容完整的有机体系，改变了过去历次指标体系由多个指标简单罗列组成的局面。

从具体的指标设置看，新的指标体系体现了一些有别于以往的新特点：

（1）除了保留一些传统的重要指标外，第一次将现金流量指标纳入体系中。随着现金流量表跻身于三大报表之列，其所提供的现金流量信息也成为可供决策使用的重要资源。现金流量指标有助于深入分析企业经营成果和财务状况，揭开应计制的"面纱"，使企业的真实状况浮出水面。

（2）引入了一系列修正指标，触及收益质量的评价问题。利润指标不再是销售利润率一票定乾坤，而是对净利润、利润总额、营业利润几个层次分别设置指标，环环相扣地进行考察。这些指标的结果为评价收益的持久性、稳定性及收益潜力提供了有力的依据。

（3）修正指标还涉及资产质量这一敏感问题。不良资产比率、资产损失率、固定资产成新率等指标矛头直指资产质量，企业将难以再通过这些所涉及的资产项目隐藏问题、美化财务形象。

（4）增加了发展能力状况指标。通过设置一系列增长率指标，使用者可从中分析企业收入、利润等的发展趋势。这些指标虽来源于历史信息和资料，但可据此合理推知未来。最重要的是这些指标体现了面向未来的可喜倾向。

（5）增加了8项评议指标进行定性分析。定量分析客观可靠，比较准确，但尚不能囊括影响企业经营的全部因素，定性分析是有益的补充。作为补充，其在指标体系中所占比例不宜过高，新指标体系在这一点上把握得较好，仅占20%。

与在此之前的各指标体系相比，这套指标体系第一次形成了结构清晰、层次分明、内容完整的有机系统，无疑是相对完善的。

通过对新中国成立以来我国企业财务评价指标体系历史沿革的追溯，不难看出：一方面，经营环境的变化是企业财务评价指标体系发生变化的重要原因，企业财务评价指标体系的设计必须根据环境的变化做出相应的调整，从而体现企业经营管理的要求；另一方面，指标具有导向性，各个时期的指标体系对相应阶段的经济发展产生了各自的影响。计划经济时期，指标体系的产量为中心，导向是企业追求产量、产值最大化；在经济体制改革初期，指标体系以利润为中心，导向是企业追求利润最大化，这比产值最大化有所进步，但也导致企业乱铺摊子、拼设备、短期行为严重，造成了经济结构的粗放式经营状况。市场经济对转变经营方式以及对企业自负盈亏、增强活力的要求，既是新指标体系的指导思想，又是它的导向内涵。

二、企业财务指标适用性的问卷调查

为了了解各方人士对企业财务指标适用性的评价，以期对现行企业财务指标体系加以改进，使之更加全面、科学，我们进行了一项问卷调查。问卷调查旨在回答以下问题：①体系中指标较多，各指标重要性如何？②将指标分为基本、修正和评议三个层次的分类是否合理？③使用者对指标的有用性是否认同？④是否有未被纳入体系的重要指标？⑤应为上市公司、国有企业建立哪些特殊的评价指标？

我们以表一调查适用于所有企业的财务指标；以表二和表三分别调查适用于上市公司和国有企业的补充财务指标。在表一中，我们以现行于1999年颁布的指标体系为基础，主要选择了基本指标和修正指标中的财务指标，以及某些我们认为在理论上具有逻辑合理性或在实务中广为使用的财务指标（见表B-1）。表一中设计了五个问题（见表B-1注）：问题1、问题2、问题3旨在对指标重要性进行评价和排序，并对基本指标的构成进行重新审视；问题4、5旨在归纳那些在理论上广为接受的指标，以及在实务中广为流行的指标，发现理论与实务间的差异并分析其原因，以期为财务评价指标体系的修正提供必要的证据。在表B-2和表B-3中，我们分别以上市公司和国有企业的典型指标为研究对象（见表B-2、表B-3）。问题1要求被调查者指出其所在单位实务中经常使用的指标，问题2要求指出其所认为理想的财务评价体系应包括的指标，问题3要求对所有表中所列指标按重要性进行排序。

本次调查发卷工作于2001年2月进行，收卷工作于2001年6月结束。我们采取随机抽样的方法，抽取了全国各地共120个样本对象。为充分评估各界人士对企业财务评价指标体系的意见，我们的调查对象包括了企业财务、会计人员，企业管理者，有关政府机构人员，银行人员，证券公司人员、会计师事务所人员以及学术界人士。本次调查共发出 120 份问卷，收回答卷共 42 份，总回复率为 35%。答卷总体有效率达 97.62%。

（一）问卷统计结果

我们的统计分三个步骤进行：①对样本总体进行分析。对表 B–1 问题 2、问题 4、问题 5，及表 B–2、表 B–3 问题 1、问题 2，统计各指标被选样本量占总样本量的百分比，并按指标被选中频度的高低顺序排列各指标。②对排序进行分析。对表 B–1 问题 1、3，及表 B–2、表 B–3 问题 3，为排序靠前的指标赋予较大分值，统计各指标总分值，并据以进行总排序。③按调查对象类型进行统计。在各类调查对象中，统计各指标被选中样本量占该类样本总量的百分比，并对各类调查对象的不同结果进行比较。

总体样本统计及排序统计结果如表 B–1、表 B–2、表 B–3 所列。

表 B–1　　　　　　　　适用于所有企业的指标

类型	指标	问题 1		问题 2 被选比例（%）	问题 3		问题 4 指标的实务运用比例（%）	问题 5 指标的理论认同比例（%）
		均分	排序		得分	排序		
Ⅰ 营利能力	1. 营业务利润率	5.462	2	46.34	120	4	42.42	75.0
	2. 营业利润率	4.231	4	17.07	38		45.45	47.5
	3. 净利润率	5.205	3	43.90	121	3	60.61	70.0
	4. 成本费用利润率	3.897	6	19.51	52		42.42	50.0
	5. 净利润现金流入比率	4.128	5	24.39	56	8	3.03	37.5
	6. 总资产报酬率	3.872	7	19.51	47		45.45	47.5
	7. 净资产收益率	5.846	1	63.41	178	1	57.58	72.5
	8. 资本保值增值率	3.641	8	26.83	52		66.67	55.0
Ⅱ 偿债能力	9. 流动比率	3.949	3	41.46	74	7	78.79	67.5
	10. 速动比率	4.179	2	34.10	44		57.58	72.5
	11. 现金流动负债比率	3.872	4	26.83	56	8	15.15	47.5
	12. 资产负债率	5.026	1	85.37	166	2	90.91	90.0
	13. 利息保障倍数	2.564	5	9.76	14		15.15	47.5
	14. 长期资产适合率	1.538	6	2.44	1		0	7.5

续表

类型	指标	问题1 均分	问题1 排序	问题2 被选比例（%）	问题3 得分	问题3 排序	问题4 指标的实务运用比例（%）	问题5 指标的理论认同比例（%）
Ⅲ 资产营运能力	15. 总资产周转率	3.615	4	31.71	50		21.21	50.0
	16. 流动资产周转率	4.590	1	41.46	51		42.42	57.5
	17. 存货周转率	4.08	3	39.02	46		60.61	72.5
	18. 应收账款周转率	4.436	2	60.98	85	5	78.79	77.5
	19. 不良资产比率	2.795	5	21.95	20		27.27	47.5
	20. 资产损失比率	1.359	6	2.44	5		0	20.0
Ⅳ 发展能力	21. 销售（营业）增长率	3.712	1	51.22	81	6	75.76	85.0
	22. 资本积累率	3.103	3	31.71	41		42.42	45.0
	23. 总资产增长率	2.872	4	9.76	10		24.24	40.0
	24. 三年利润平均增长率	3.205	2	34.15	46		33.33	50.0
	25. 三年资本平均增长率	1.846	5	17.07	25		9.09	30.0

注：问题1——请对各指标分别在同类指标中按重要性排序
问题2——请从所有指标中挑（√）出您认为最重要的八项指标
问题3——请对您挑出的8项指标的重要性排序（1~8）
问题4——您或所在单位实务中经常使用的指标
问题5——您认为理想的财务评价体系应包括的指标

表 B-2　适用于上市公司的专用指标（除表 B-1 指标外）

指标	指标的实务运用比例（%）	指标的理论认同比例（%）	指标排序均分	指标排序
1. 每股盈利	83.33	97.06	6.056	1
2. 每股净资产	94.44	82.35	4.806	2
3. 调整后的每股净资产	50.00	79.41	4.444	3
4. 每股股利	72.22	67.65	3.389	5
5. 现金股利分配率	50.00	44.12	2.444	6
6. 股利保障倍数	16.67	41.18	2.139	7
7. 每股现金流量	50.00	70.59	3.722	4

表 B-3　适用于国有企业的专用指标（除表 B-1 指标外）

指　　标	指标的实务运用比例（%）	指标的理论认同比例（%）	指标排序均分	指标排序
1. 国有资本保值增值率	100.00	97.30	4.658	1
2. 社会贡献率	62.96	70.27	2.947	2
3. 社会积累率	51.85	72.97	2.737	3
4. 固定资产成新率	37.04	45.95	1.684	5
5. 经营亏损挂账比率	33.33	51.35	1.711	4

（二）对统计结果的分析及结论

1. 适用于所有企业的指标

问题 1（同类指标排序）可对每类指标的重要性提供线索，为指标体系的分层（基本、修正、评议）提供依据。问题 2、问题 3 要求选出最重要的 8 大指标，这 8 大指标应作为制订基本指标的基础。从调查结果来看，净资产收益率、资产负债率、净利润率、主营业务利润率、应收账款周转率、销售（营业）增长率、流动比率、现金流动负债比率、净利润现金流入比率排序得分最高（最后 2 项并列）。而入选频度最高的分别为资产负债率、净资产收益率、应收账款周转率、销售（营业）增长率、主营业务利润率、净利润率、流动比率和流动资产周转率。将两项统计结果加以比较可看出，除现金流动负债比率、净利润现金流入比率、流动资产周转率三项有出入，其余指标基本成为共识。对于两项现金流量指标，47.5% 的被调查者认为现金流动负债比率应包括在理想的指标体系中，37.5% 的被调查者认为净利润现金流入比率应包括在理想的指标体系中，且认同这两项指标的被调查者均给予较靠前的排序。可见，对现金流量指标的重要性，认识尚不统一，一些人认为十分重要，另一些人认为不重要。从排序前 8 位的指标的评价内容来看，评价营利能力的最多，占了一半（4 个）；偿债能力指标次之（3 个），资产营运能力指标和发展能力指标各 1 个。同问题 1 的同类指标排序结果相比，有明显出入的指标有：速动比率（同类指标中排第二，未入选 8 大指标）、流动资产周转率（同类指标中排第一，未入选 8 大指标）、净利润现金流入比率（同类指标中仅排第五，但入选 8 大指标）。这说明被调查者认为：一个指标体系核心层（基本指标）的构成有其特殊考虑，不仅是各类指标中重要指标的简单罗列、汇总，而是既要全面（如，包括现金流量指标），又不重复（如，速动比率和流动比率），从而形成一个有机整体。

对排序按调查对象分类的结果表明企业对资本保值增值率和成本费用利润率感情深厚，学术界人士和其他被调查者则对净利润现金流入比率、总资产报酬率尤为青睐。企业作为财务信息内部需求者对成本费用的关切不难理解，学术界人士和其他被调查者主要站在财务信息外部需求者的角度，更关心企业的现金收益能力和企业能带来的单位投资效率。

问题4、问题5旨在寻找指标在理论认识上和在实践运用中的差异。从被选百分比的差异中，我们发现，在理论上被接受，但实务中未得到相应运用的指标主要有（百分比差异超过20%）：主营业务利润率、净利润现金流入比率、现金流动负债比率、总资产周转率、不良资产比率、资产损失比率和三年资本平均增长率。除了两个现金流量指标外，主营业务利润率、不良资产比率、资产损失比率也都是能反映企业资产及收益质量的指标，一定程度上可消除利润操纵的影响，揭示企业经营的深层问题。人们已不同程度地认识到了它们的重要性，但在实务中，还需加强运用。另一方面，在实务中得到运用，但在理论上被调查者认为用处不大的指标主要有（百分比差异超过10%）：资本保值增值率和流动比率，但二者理论认同栏的入选率均超过50%。资本保值增值率指标带有较浓的国有企业色彩，在评价营利能力的指标中排在最后，如果该指标能提供的信息增量不多，则可仅作参考甚至不作参考。被调查者对流动比率这一最传统的财务指标，保有复杂而矛盾的态度：在同类指标中速动比率相对更为强有力，但在指标体系中又有不可替代的地位。

2. 适用于上市公司的指标

各指标总体排序结果是：每股盈利、每股净资产、调整后的每股净资产、每股现金流量、每股股利、现金股利分配率和股利保障倍数。且各类被调查者对排序的分歧不大。值得注意的是调整后的每股净资产、每股现金流量两项指标相当被重视，甚至排在每股股利之前。调整后的每股净资产对每股净资产进行了调整，扣除了一些不良资产，充分反映了每股净资产质量。每股现金流量则从利润的现金含量角度反映了收益质量。

从理论和实务的比较中，我们发现在理论上被接受，但实务中未得到相应运用的指标主要有调整后的每股净资产（百分比差异将近30%）、股利保障倍数（百分比差异约25%）、每股现金流量（百分比差异约20%）。人们已不同程度地认识到了这些指标的重要性，但在实务中，还需推广其运用。

3. 适用于国有企业的指标

各类被调查者对国有企业特殊评价指标的排序亦分歧不大。总体排序为：国有资本保值增值率、社会贡献率、社会积累率、经营亏损挂账比率和固定资产成新率。各类被调查者对3项指标的排序完全无异议；只有后2项，企业人士更看重经营亏损挂账比率，而其他被调查者更重视固定资产成新率。在理论上被接受，但实务中未得到相应运用的指标主要有社会积累率（百分比差异约21%）和经营亏损挂账比率（百分比差异约18%）。对社会贡献率、社会积累率这样的贡献指标，70%以上的被调查者认为应纳入国有企业评价体系，说明人们还是普遍认同国有企业的社会责任，并认同将其作为评价国有企业的重要方面。

4. 建议纳入体系的其他财务指标

调查中，我们还请被调查者提供他们认为适用于企业财务业绩评价的其他指标。企业人士提供的指标有：销售现金含量、市值总额、材料周转率、净利润增长率、纳税比例、人均效益等。高校教师提供的指标有：销售现金含量、营业周期、EVA、市盈率、企业积累率等。会计师事务所人士提供了市盈率、国企盈利递增率与职工收入递增率之比。证券公司人士建议增加：净资本率、扣除非正常项目后的每股盈利、市盈率、市净率等。

调查结果表明：理论界和实务界人士对指标体系最基本的指标构成基本达成了共识，应作为基本指标的制订依据。同类指标的排序可指导企业和外部人士按重要程度，高效而全面地分析、评价、判断企业的经营状况和前景。对理论认同与实务运用的比较和差异分析告诉我们，哪些指标在理论上具有公认价值，而在实际中运用不够；哪些指标的运用过度了，应被逐步替代。调查发现的一个重大规律就是：反映企业资产质量和收益质量的指标正逐渐被人们所接受和认同，必将在未来广泛使用。这些指标也正是未来财务指标体系修正和补充的方向。

调查结果还有助于建立上市公司和国有企业的特殊财务指标体系。被调查者还建议对指标体系进行适当补充，如增加销售现金含量、市盈率等重要指标。另外，有些指标的入选率远低于半数（如利息保障倍数、长期资产适合率等），是人们对其重要性认识不够，还是其本身对于企业评价意义不大，还有待进一步研究。

（三）本次调查研究的局限性

（1）样本总量和收回样本不大，对研究结果的代表性有一定影响。

（2）来自企业及高校以外的样本不大，导致按调查对象进行的分类仅限于三类，可能掩盖了一些进一步细分会显示出的规律。

（3）部分问题的有效答卷率不高。例如，一些高校教师样本不适于回答表 B-1 中的问题 4；一些非上市公司样本和非国有企业样本不适于回答表 B-2 和表 B-3 中的问题 1，这使理论与实务的比较可能有偏差。

（4）对统计结果所作的某些分析、解释基于逻辑推断，答卷本身无法提供确切之结论。

三、企业财务评价指标体系的改进建议

（一）适用于所有企业的指标

我们认为，在保持《国有资本金效绩评价规则》原有结构的同时，进行一下一些改进会使企业财务评价指标体系更为理想。

（1）基本指标。基本指标的数量过少，可能削弱指标之间的牵制关系，易于被操纵；基本指标的数量过多，可能削弱指标体系的导向作用。因此，我们认为将基本指标控制在 8 个左右比较合适。在借鉴现有研究成果并合理参考问卷调查结果的基础上，我们选取了如下 8 项指标：净资产收益率、主营业务利润率、净利润现金流入比率、资产负债率、现金流动负债比率、利息保障倍数、流动资产周转率和销售（营业）增长率。

（2）修正指标。修正指标有助于深入分析、客观评价和严格监控企业的经营情况，有助于发现深层问题，因此应广泛吸收能反映企业某方面的指标，尤其是有助于反映企业收益质量的指标。另外，可借鉴 EVA 指标对企业经营利润所作的调整，使指标尽量反映出企业的经济利润。候选指标有：净利润率、总资产报酬率、营业利润率、速动比率、总资产周转率、存货周转率、应收账款周转率、不良资产比率、资产损失比率、3 年利润平均增长率、3 年资本平均增长率等。

（3）评议指标。评议指标主要由非财务指标构成，通过定性分析得出结论，对整个指标体系是有益的补充。我们建议借鉴平衡积分卡的做法，征询行业专家，沿战略因果链设计出符合新经济要求的指标。

2002 年 2 月的修订主要对修正指标进行了一些调整，如改销售利润率为主营业务利润率，增加盈余现金保障倍数和 3 年销售平均增长率指标，删除流动比率、长期资产适合率、经营亏损挂账比率等指标。这些修订中有些与我们的调查结果相符，我们认为除对修正指标进行改进外，还应考虑对一些基本指标进行调整。

（二）适用于国有企业的特殊指标

除了普遍适用于所有企业的指标外，以下指标可作为修正指标对国有企业进行评价：国有资本保值增值率、社会贡献率、社会积累率、经营亏损挂账比率和固定资产成新率。

（三）适用于上市公司的特殊指标

我们建议先在上市公司使用 EVA 指标，并在适当的时候向一般企业推广。此外，适用于上市公司评价的指标还有：每股盈利、每股净资产、调整后的每股净资产、每股现金流量、每股股利、现金股利分配率和市盈率。

附录 C 国有控股工业企业财务概况（1998—2018 年）

表 C-1　国有控股工业企业财务概况（1998—2018 年）　　　单位：亿元

年份	企业单位数（个）	资产总计	负债合计	净资产	营业收入	利润总额
1998	64737	74916.27	48144.41	26771.86	33566.11	525.14
2000	53489	84014.94	51239.61	32775.33	42203.12	2408.33
2005	27477	117629.61	66653.58	50976.03	85574.18	6519.75
2006	24961	135153.35	76012.52	59140.83	101404.62	8485.46
2007	20680	158187.87	89372.34	68815.53	122617.13	10795.19
2008	21313	188811.37	111374.72	77436.65	147507.90	9063.59
2009	20510	215742.01	130098.87	85643.14	151700.55	9287.03
2010	20253	247759.86	149432.08	98327.78	194339.68	14737.65
2011	17052	281673.87	172289.91	109383.96	228900.13	16457.57
2012	17851	312094.37	191349.97	120744.40	245075.97	15175.99
2013	18574	343985.88	214230.57	129755.31	257816.87	15917.68
2014	18808	371308.84	230132.08	141176.76	262692.28	14508.02
2015	19273	397403.65	246147.12	151256.53	241668.91	11416.72
2016	19022	417704.16	257235.38	160468.78	238990.23	12324.34
2017	19022	439622.86	266097.89	173524.97	265393.01	17215.49
2018	18670	439908.80	258245.70	181663.10	284730.40	18583.10

注：1. 根据《中国统计年鉴 2019》数据整理。

2. 国有控股企业：指在企业的全部实收资本中，国有经济成分的出资人拥有的实收资本（股本）所占企业全部实收资本（股本）的比例大于 50% 的国有绝对控股；或在企业的全部实收资本中，国有经济成分的出资人拥有的实收资本（股本）所占比例虽未大于 50%，但相对大于其他任何一方经济成分的出资人所占比例的国有相对控股，或者虽不大于其他经济成分，但根据协议规定拥有企业实际控制权的国有协议控股；此外，投资双方各占 50%，且未明确由谁绝对控股的企业，若其中一方为国有经济成分的，统计年鉴中也一律按国有控股处理。

参考文献

[1] 丁学东. 市场经济与财务管理 [M]. 北京：经济科学出版社，1998.

[2] 刘诗白. 主体产权论 [M]. 北京：经济科学出版社，1998.

[3] 郭复初. 财务理论研究与发展 [J]. 会计研究，1996（2）.

[4] 干胜道. 试论创建所有者财务学 [J]. 财经科学，1997（6）.

[5] 谢志华. 出资者财务论 [J]. 会计研究，1997（5）.

[6] 汤谷良. 经营者财务论——兼论现代企业财务分层管理架构 [J]. 会计研究，1997（5）.

[7] 深圳市市属企业国有资产管理办公室. 深圳国有资产管理体制及其运营机制 [C]//深圳市国有资产管理与经营政策法规汇编，1995.

[8] 凌翔，胡长青. 漫谈财务总监委派制 [J]. 特区财会，2000（3）.

[9] 中南财经政法大学课题组. 关于国有控股公司财务管理模式的调查 [J]. 经济研究参考，2000（81）.

[10] 黄菊波. 新中国企业财务管理发展史 [M]. 北京：经济科学出版社，1996.

[11] 丁学东，李国忠. 1978—1994年中国企业财务改革论评 [J]. 会计研究，1996（5）.

[12] 周叔莲，陈佳贵. 市场经济与现代企业制度 [M]. 北京：经济管理出版社，1994.

[13] 罗飞. 企业财务管理的若干问题 [J]. 中南财经大学学报，1996（3）.

[14] 谢志华. 企业财务改革20年的回顾与展望 [J]. 财务与会计，1998（10）.

[15] [美] 哈罗德·德姆塞茨. 所有权、控制与企业 [M]. 北京：经济科学出版社，1999.

[16] [美] 科斯，哈特，斯蒂格利茨，等. 契约经济学 [M]. 北京：经济

科学出版社，1999.

[17] 郭复初. 国家财务论［M］. 成都：西南财经大学出版社，1993.

[18] 杨瑞龙，周业安. 企业的利益相关者理论及其应用［M］. 北京：经济科学出版社，2000.

[19] 中国企业联合会，中国众业家调查系统. 国企改革与管理：千户国企经营者的最新评价和建议——2000年国有企业经营者问卷调查报告［J］. 经济界，2001（3）.

[20] 中国社会科学院工业经济研究所课题组. 对国有企业高层管理人员激励约束问题的若干基本判断［J］. 经济管理，1999（10）.

[21] 张维迎. 企业理论与中国企业改革［M］. 北京：北京大学出版社，1999.

[22] 葛家澍，吴水澎. 建国以来会计基本理论文章摘编［M］. 天津：天津人民出版社，1983.

[23] 曹冈. 新"会计法"对会计监督理论的影响［J］. 会计研究，2000（5）.

[24] 吴水澎. 论会计监督与监督会计［J］. 财会通讯，2000（10）.

[25] 罗飞，王竹泉，黄本尧. 国有企业的财务与会计监督［J］. 管理会计（台湾），2000（53）.

[26] 罗飞. 企业财务管理目标刍议［J］. 对外经贸财会，1996（4）.

[27] 罗飞，王竹泉. 会计监督是保证现代企业制度良好运行的一项重要机制［J］. 财会通讯，2000（3）.

[28] 张维迎. 博弈论与信息经济学［M］. 上海：上海三联书店、上海人民出版社，1996.

[29] 伍中信. 产权与会计［M］. 上海：立信会计出版社，1998.

[30] 田昆儒. 企业产权会计论［M］. 北京：经济科学出版社，2000.

[31] 郜进兴. 关于"会计委派制"的若干问题［J］. 会计研究，1999（9）.

[32] 白天亮. 国务院向重点大型企业派出监事会［N］. 人民日报，2000-8-18.

[33] 梅慎实. 现代公司权力机关构造论［M］. 北京：中国政法大学出版社，1996.

[34] [日] 青木昌彦, 钱颖一. 转轨经济中的公司治理结构 [M]. 北京: 中国经济出版社, 1995.

[35] 卞耀武. 当代外国公司法 [M]. 北京: 法律出版社, 1995.

[36] [日] 末永敏和. 现代日本公司法 [M]. 金洪玉, 译. 北京: 人民法院出版社, 2000.

[37] 罗飞, 王竹泉. 论国家作为出资者对国有企业的财务管理 [J]. 会计研究, 2001 (4).

[38] 罗飞. 2000年会计监督实践与会计监督理论探索评说 [M] //2001年会计年鉴, 中国财政出版社, 2001.

[39] 罗飞, 柳木华. 独立董事制度与财务监督 [J]. 财会通讯, 2001 (10).

[40] 罗飞, 王竹泉. 论国有企业的财务决策机制 [J]. 财经论丛, 2003 (3).

[41] 罗飞, 王竹泉. 论国有企业财务管理的环境与财务关系 [M]. 会计论坛, 2002 (1).

[42] 罗飞. 会计监督若干问题 [J]. 特区财会, 2003 (12).

[43] 罗飞, 王竹泉. 论国家出资者对国有企业的管理应以财务管理为中心 [J]. 国际财务与会计, 2003 (1).

[44] 罗飞, 王竹泉. 国家出资者对国有企业财务管理的激励和监督约束机制研究 [M]. 会计论坛, 2004 (2).